装配式预应力混凝土简支T形梁桥加固设计

潘　华　薛幸伟　银晓东　主编

中国建筑工业出版社

图书在版编目（CIP）数据

装配式预应力混凝土简支T形梁桥加固设计/潘华，薛幸伟，银晓东主编. —北京：中国建筑工业出版社，2018.7

ISBN 978-7-112-22365-7

Ⅰ. ①装… Ⅱ. ①潘… ②薛… ③银… Ⅲ. ①预应力混凝土桥-T形梁桥-加固-设计 Ⅳ. ①U448.215.7

中国版本图书馆CIP数据核字（2018）第131604号

本书通过采用病害调查、原因分析、有限元模型计算、荷载试验、加固设计计算、施工及加固效果评价等相结合的研究方法，围绕装配式预应力混凝土简支T形梁桥加固设计这一课题开展研究，系统介绍了T形梁的受力特点和发展现状，病害调查分类、成因分析及承载能力评价，T形梁不同加固方法的设计计算及方案比选、加固施工工艺及方法、加固效果评价等。

本书引用了工程实例，包含桥梁病害检测、承载能力评价、加固设计、施工、加固效果评价等诸多领域，可供桥梁专业的科研人员、工程技术人员、高校学生等参考使用。

责任编辑：王 磊 田启铭

责任校对：张 颖

装配式预应力混凝土简支T形梁桥加固设计

潘 华 薛幸伟 银晓东 主编

*

中国建筑工业出版社出版、发行（北京海淀三里河路9号）

各地新华书店、建筑书店经销

霸州市顺浩图文科技发展有限公司制版

北京市密东印刷有限公司印刷

*

开本：787×1092毫米 1/16 印张：7½ 字数：186千字

2018年8月第一版 2018年8月第一次印刷

定价：**28.00**元

ISBN 978-7-112-22365-7

（32239）

本书编委会

前 言

随着预应力混凝土技术的出现，并由于它具有许多优点，使其在土木工程得到了广泛的应用，尤其是在大跨度或重荷载结构，以及不允许开裂的结构中应用更为普遍，各种桥型也不断涌现。预应力混凝土 T 形梁因具有就地取材、工业化施工、外形简单、制造方便、耐久性好、适应性强、整体性好以及美观等优点，以异乎寻常的速度发展起来。目前预应力混凝土 T 形梁桥在国内外桥梁建筑上占有重要的地位，在公路、铁路、城市桥梁建筑上应用非常广泛。

随着交通运输的发展，交通量越来越大，车辆荷载不断增加，以及随着运营年限的增加，桥梁承载能力逐年降低，特别是以前修建的桥梁，设计标准低，承载力已不能适应交通发展的需要；而且桥梁随着使用年限的增长，加之养护的不及时，自然就会出现混凝土的表面碳化、裂缝加大、表面破损、雨水侵入、钢筋锈蚀等一系列问题，最终都会导致桥梁的承载力下降，出现病害，成为病桥、危桥，严重者甚至造成桥梁垮塌，一定程度上制约了国民经济的发展，因此开展装配式预应力混凝土简支 T 形梁桥加固设计这一课题研究，已成为国内外学者普遍关注的问题。

本书第 1 章概述了 T 形梁的受力特点、截面形式和发展现状。第 2 章介绍了 T 形梁梁体、横隔板、桥面铺装病害检测方法和内容，并结合工程实例介绍了 T 形梁桥病害成因分析，对原桥承载能力复核、考虑承载能力折减的复核、进行了荷载试验，对结构承载能力进行了评价。第 3 章介绍了 T 形梁不同的加固方法，并概述了不同加固方案的设计方法。第 4 章介绍了 T 形梁桥加固设计的计算方法和步骤，从斜截面、正截面承载能力、体外预应力索锚固装置、横隔板承载能力等几方面进行研究，并结合工程实例说明。第 5 章介绍了 T 形梁桥加固施工工艺及方法。第 6 章介绍了 T 形梁桥加固后效果评价，概述了加固工程的抽查项目、检测频率、质量检验、外观检查、内业资料审查及质量评定等。

全书分为 6 章，第 1 章由潘华、赵华、朱晓军、岳军委、张永生编写，第 2 章由薛幸伟、李传明、刘晋华、祝孝成、吕小永编写，第 3 章由银晓东、李庆、张理、李二兵、吕勤雷编写，第 4 章由申磊、尹晓凡、王涛、印振华、杜丽鹏编写，第 5 章由范广宇、刘晨、乔华龙、王叶、梁婧媛、李青编写，第 6 章由拓宁博、王飞、吴昊、杨丽丽、陈传广、杨宇翔编写，全书由潘华、薛幸伟负责统稿。

在本书的撰写过程中，苗礼战、管品武、苏沛东、付立军、邵景干给予了大力支持和帮助，并予以鼓励，在此表示衷心感谢。

在本书完稿之际，侯志峰、宋云祥、吕西方、张黎明对本书提出了宝贵的意见和建议，在此表示衷心的感谢。

参与本书相关项目研究工作的主要人员有梁柯峰、张永生、申磊、李庆、祝孝成、刘晋华、仪志平、刘皓楠等，在此表示感谢。

装配式预应力混凝土简支 T 形梁桥加固设计是一项很复杂的课题，涉及诸多知识领域，有许多基础工作尚需进一步解决。限于作者的研究水平，本书在很多方面还存在着不足及疏忽之处，恳请各位读者批评指正。

目　录

第1章　绪　论

预应力混凝土的现代发展应归功于法国工程师弗莱西奈（Freyssinet）。1928年弗莱西奈在总结了前人经验的基础上，提出了预应力混凝土必须采用高强钢材和高强混凝土。在此之后，预应力混凝土才步入了实用阶段，之后又得到了不断的改进。

随着预应力混凝土技术的出现，并由于它具有许多优点，使其在土木工程得到了广泛的应用，尤其是在大跨度或重荷载结构，以及不允许开裂的结构中应用更为普遍，各种桥型也不断涌现，预应力T形梁的应用以异乎寻常的速度发展起来。当前我国预应力T形梁的应用已非常普及，施工技术已经趋于成熟，20世纪八九十年代25m、30m等小跨径T形梁应用已经非常普遍，到了21世纪初期，50m大跨径T形梁的应用技术已经成熟并广泛应用，而50m T形梁在预制和吊装方面与25m、30m T形梁相比，无论从预制场地，还是预制工艺、吊装设备上要更系统、更复杂。

1.1　T形梁的受力特点及发展概述

T形梁因主梁的截面形状如英文字母T而得名，梁体两侧挑出部分称为翼缘，其中间部分称为梁肋。由于其相当于是将矩形梁中对抗弯强度不起作用的受拉区混凝土挖去后形成的。这种处理后除与原有矩形抗弯强度完全相同外，又可以节约混凝土，减轻构件的自重，从而提高了跨越能力。T形梁桥，如图1-1所示。

图1-1　T形梁桥

相对空心板桥梁而言，如考虑经济性，T形梁较空心板结构有更大的跨越性能。一般空心板结构经济跨径不超过20m，而T形梁的跨越能力可以达到50m。

相对箱梁而言，T形截面在承受弯矩及剪力方面承载能力相差不大，但是由于截面形式限制，对于承受正负弯矩变化的梁体，T形梁并不太适用。同时由于T形梁开口截面的特性，抗扭性能较箱形梁差，且横向稳定性能也不好。

对于中、小跨径的梁式桥，混凝土T形梁是现代工程中使用非常广泛的结构形式之一。T形梁的上翼缘板既是主梁的受压翼缘，同时又是行车道板，在预应力混凝土T形梁中，梁肋的下部通常要加宽做成马蹄形，以便于预应力钢丝束的布置和满足承受预压力的需要。它具有就地取材、工业化施工、外形简单、制造方便、耐久性好、适应性强、整体性好以及造型美观等优点。

预应力混凝土T形梁是采用抗压性能好的混凝土和抗拉能力强的钢筋结合在一起建成的。根据混凝土受预压程度的不同，预应力混凝土结构又可分为全预应力和部分预应力两种。全预应力是在最大使用荷载下混凝土不出现任何拉应力，部分预应力是容许产生不超过规定的拉应力值或裂缝宽度，以此改善使用性能并获得更好的经济效益。在钢筋混凝土梁内部分地施加少量预应力以提高梁的裂缝安全度的结构称为预应力钢筋混凝土结构。目前钢筋混凝土T形梁桥在国内外桥梁建筑中占有重要的地位，在公路、铁路、城市桥梁建筑中应用非常广泛。

预应力混凝土T形梁桥在施工方法上又可分为装配式梁桥和整体式梁桥，目前已大量采用预制的装配式T形梁桥，预制T形梁桥与整体式梁桥相比，具有以下主要优点：

（1）桥梁构件的形式和尺寸趋于标准化，有利于大规模工业化制造。

（2）在工厂或预制场内集中管理进行工业化预制生产，可充分采用先进的半自动或自动化、机械化的施工技术，以节省劳动力和降低劳动强度，提高工程质量和劳动生产率，从而显著降低工程造价。

（3）构件的制造不受季节性影响，并且上下部构造也可同时施工，大大加快桥梁的建造速度，缩短工期。

（4）能节省大量支架模板等的材料消耗。

预应力混凝土T形梁除了这些优点外，还具有以下特点：

（1）能最有效地利用现代的高强度材料（高强混凝土、高强钢材），减小构件截面，显著降低自重所占全部设计荷载的比例，增大跨越能力，并扩大混凝土结构的适用范围。

（2）与钢筋混凝土梁桥相比，一般可以节省钢材30%～40%，跨径愈大，节省愈多。

（3）全预应力混凝土梁在使用荷载下不出现裂缝，即使是部分预应力混凝土梁在常遇荷载下也无裂缝，鉴于能全截面参与工作，梁的刚度就比通常开裂的钢筋混凝土梁要大。因此，预应力混凝土梁可显著减小建筑高度，使大跨径桥梁做得轻柔美观。由于能消除裂缝，这就扩大了对多种桥型的适应性，并更加提高了结构的耐久性。

（4）预应力技术的采用，为现代装配式结构提供了最有效的接头和拼装手段。根据需要，可在纵横向和竖向等施加预应力，使装配式结构组合成理想的整体，这就扩大了装配式桥梁的适用范围，提高了运营质量。

综观以上所述预应力混凝土T形梁的种种优异性能，特别是从20世纪50年代以来，由于材料性能不断改进，设计理论日趋完善，施工工艺的革新创造，使得用这种新颖桥型修建的桥梁获得了很大发展，预应力混凝土T形梁在桥梁工程中占有非常重要的地位。目前，我国预应力T形梁的跨径已达51.5m。

虽然现在预应力混凝土 T 形梁的建设已经有较快的发展，但大跨径的施工规范还基本上是空白，我国的桥涵施工技术规范中最大跨径的预应力混凝土梁也只有 50m，而预应力混凝土 T 形梁的设计标准图也只有 10m、13m、16m 和 20m 四种公路梁桥标准设计。而在设计时套用其他桥型设计的事情也是屡见不鲜，施工中更是没有成套的施工技术规范，各种施工工法并没有做很好的研究，这就增加了施工中随意性和危险性，给大跨径 T 形梁施工带来很多麻烦。这种设计方法在很多方面是不经济的。

T 形梁有结构简单，受力明确、节省材料、架设安装方便等优点，T 形梁为主要承重结构的梁式桥，在桥上荷载作用产生正弯矩时，梁作成这样上大下小的 T 形并在下缘配筋便充分利用了混凝土的抗压强度大和钢筋的高抗拉强度，进而比矩形梁桥节省了材料，减轻了自重。预应力体系采用钢绞线群锚，在工地预制，吊装架设。其发展趋势为：采用高强、低松弛钢绞线群锚；混凝土强度等级 C40 ~ C60；T 形梁的翼缘板加宽；吊装重量增加；为了减少接缝，改善行车，采用工形梁，现浇梁端横梁湿接头和桥面，在桥面现浇混凝土中布置负弯矩钢束，形成比桥面连续更进一步的“准连续”结构。T 形梁桥最大跨径以不超过 50m 为宜，再加大跨径不论从受力、构造、经济上都不合理了。大于 50m 跨径以选择箱形截面为宜。

目前我国的中小跨径桥梁中装配式简支 T 形梁桥占很大比例。T 形梁不适于荷载作用会产生较大负弯矩的情况且抗扭刚度稳定性皆较箱形梁桥低。随着交通运输的发展，交通量越来越大，车辆荷载不断增加，以及随着运营年限的增加，桥梁承载能力逐年降低，特别是以前修建的桥梁，设计标准低，承载力已不能适应交通发展的需要；而且桥梁随着使用年限的增长，加之养护的不及时，自然就会出现混凝土的表面碳化、裂缝加大、表面破损、雨水侵入、钢筋锈蚀等一系列问题，最终都会导致桥梁的承载力下降，出现病害，成为病桥、危桥，严重者甚至造成桥梁垮塌，一定程度上制约了国民经济的发展。由于对旧危桥加固理论研究不很完善，加上桥梁加固行业的不规范，一部分桥梁甚至在几年的时间内就进行几次加固，加固效果和耐久性无法得到保证，这样的后果是每年都有大量的钢筋混凝土 T 形梁旧危桥需要加固。

1.2　T 形梁截面形式

从施工方法上分，简支 T 形梁桥可采用整体现浇和预制装配两种不同的方式进行施工。

整体式梁桥在城市立交桥中应用较广泛，具有整体性好、刚度大、易于做成复杂形状等优点，多数在桥孔支架模板上现场浇筑，个别也有整体预制、整孔架设的情况。

常用的整体式简支 T 形梁桥。在保证抗剪、稳定的条件下，主梁的肋宽约为梁高的 1/6 ~ 1/7，但不宜小于 16cm，以利于浇筑混凝土；当肋宽有变化时，其过渡段长度不小于 12 倍肋宽差。主梁高度通常为跨径的 1/8 ~ 1/16。为了减少桥面板的跨径（一般限制在2～3m之内），还可以在两根主梁之间设置次纵梁。为了合理布置主钢筋，梁肋底部可做成马蹄形。整体式简支梁桥桥面板的跨中板厚不应小于10cm。桥面板与梁肋衔接处一般都设置承托结构，承托长高比一般不大于3。

装配式简支梁桥具有建桥速度快、工期短、模板支架少等优点而应用广泛。但在施工过程中，装配式T形梁需特别注意横向各个梁体之间的横向联系。当预制T形主梁吊装就位后，当设有横隔梁时，必须借助横隔梁和翼缘板的接头将所有主梁连接成整体。对于少横隔梁的主梁，应在翼缘板上加设接头和加强桥面铺装将所有主梁连接成整体。对于少横隔梁的主梁，应在翼缘板上加设接头和加强桥面铺装，使横向连成整体。因此接头应有足够的强度以保证结构的整体性，并使在营运过程中安全承受荷载的反复作用和冲击作用而不发生松动。

常用的桥面（翼缘板）横向接头有焊接接头和湿接接头两种：

（1）焊接接头：翼板间用钢板连接，接缝处铺装混凝土内放置上下两层钢筋网。

（2）湿接接头：通过一定措施将翼缘伸缩钢筋连成整体，在接缝铺装混凝土内再增补适量加强钢筋。

常用的横隔梁横向接头有焊接接头和湿接接头两种：

（1）焊接接头：横隔梁间用钢板焊接连接，横隔梁接缝处端头埋置钢接头，接头采用对焊或搭接钢板焊接。

（2）湿接接头：通过一定措施将相对横隔梁横向钢筋连成整体，在接缝混凝土内再增补适量加强钢筋。

1.3 T形梁在我国的发展

1.3.1 简支结构

T形梁桥在我国公路上修建最多，早在20世纪五六十年代，我国就建造了许多T形梁桥，这种桥型对改善我国公路交通起到了重要作用。

20世纪80年代以来，我国公路上修建了几座具有代表性的预应力混凝土简支T形梁桥（或桥面连续），如河南的郑州黄河公路大桥、开封黄河公路大桥，山东东明黄河大引桥部分、浙江省瑞安飞云江大桥（其跨径达到62m，吊装重220t）等。

近年来T形梁采用钢筋混凝土结构的已经很少了，从16m到50m跨径，都是采用预制拼装后张法预应力混凝土T形梁，预应力体系采用钢绞线群锚，在工地预制，吊装架设。装配式预应力混凝土T形梁具有如下特点：

（1）结构简单，受力明确、技术成熟、施工比较安全。

（2）采用预制拼装，可工厂化施工，工期短，质量可靠，较空心板桥，更为轻便，可用于较大跨径，克服多跨对美观影响的缺点。

（3）吊装时采用小截面，之后浇筑湿接缝连接桥面板钢筋成为整体，使得吊装重量减轻，架设安装方便。

(4) 制造简单，肋内配筋可做成刚劲的钢筋骨架，整体性好，接头也较方便。

(5) 多用于跨径为 20～50m 的桥梁。

1.3.2 先简支后连续结构

先简支后连续 T 形梁是国内外高速公路上常用的一种桥梁结构新形式，具有施工简易、行车条件好且经济合理，并兼备简支梁与连续梁的优点。先简支后连续施工方法在 20 世纪 80 年代兴起，含义不断发展，从早期的桥面连续、桥面板连续、普通钢筋实现结构自身连续，发展到利用预制混凝土梁作为简支构件，在现浇混凝土梁内利用预应力实现结构连续的后连续方案。典型的先简支后连续桥梁的施工程序：简支安装、梁端接头浇筑、体系转换。随着施工工艺的改进，特别是吊装能力的提高，先简支后连续体系梁桥采用的截面形式由简单到复杂、受力性能逐步优化。先简支后连续预应力 T 形梁桥拥有以下优点：

(1) 采用标准预制构件，更有利于技术操作、提高预制速度、节省模板费用。

(2) 下部结构施工的同时便可进行上部构件的预制，因而节省了施工时间，加快了施工速度，有利于提高经济效益。

(3) 整片梁的吊装就位仅需要吊装设备，简支梁的预应力筋张拉可在工厂进行，而负弯矩区钢筋的布置或张拉可在梁上或挂篮上进行，减少了施工设备，又可避免造成地面障碍，在拥挤的市区或风景区以及城市立交桥等一些要求施工中不能中断交通的工程中特别适用。

(4) 同其他方法施工的连续梁一样，这种方法施工形成的连续梁同样具有刚度大、收缩缝少、变形小的优点，可提高车速以及行车的舒适性。

(5) 由于是在工厂预制，从早期预应力的张拉到浇筑接缝、后连续预应力的张拉，混凝土已有相当的龄期，因而减少了收缩、徐变对结构体系的影响，另外简支梁的预应力筋对结构不产生次力矩，可使结构设计简便。

(6) 由于这种结构体系是梁的恒载按简支受力，仅仅活载和二期恒载（桥面铺装、栏杆、安全带）按连续梁结构受力，基础沉降对结构的影响较小。

表 1-1 列出了《公路桥涵设计图装配式预应力混凝土简支梁》JT/GQS 024—1983。

装配式预应力混凝土 T 形梁的标准图截面参数表　　表 1-1

标准跨径(cm)	梁高(cm)	高跨比	肋厚(cm)	上翼缘板(cm)		马蹄	横隔板数
				预制宽/全宽	根部厚/边缘厚	全宽/全高	
20	150	1/13.3	20	140/200	21/15	42/40	5
25	175	1/14.3	20	140/200	21/15	42/40	6
30	200	1/15	20	140/200	21/15	42/40	7
35	225	1/15.6	20	140/200	21/15	42/40	8
40	250	1/16	20	140/200	21/15	42/40	9

表 1-2 列出了郑州黄河公路大桥及开封黄河公路大桥的 T 形截面梁数据：

郑州黄河公路大桥及开封黄河公路大桥 T 形截面参数表 **表 1-2**

桥梁名称	标准跨径（m）	梁高（cm）	高跨比	肋厚（cm）	上翼缘板(cm)		马蹄	横隔板数
					预制宽/全宽	根部厚/边缘厚	全宽/全高	
郑州黄河公路大桥	20	/	/	/	/	/	/	/
	40	230	1/17.4	17	248/248	21/8	248/230	7
	50	/	/	/	/	/	/	/
开封黄河公路大桥	20	145	1/13.8	16	247/247	21/8	247/145	5
	50	260	1/19.2	18	247/247	21/8	247/260	8

第 2 章　T 形梁病害调查分类、病害原因分析及承载能力评价

T 形梁病害调查主要从梁体、横隔板和桥面铺装三方面开展调查分析。结合工程实例介绍了 T 形梁桥病害成因分析，对原桥承载能力复核、考虑承载能力折减的复核、进行了荷载试验，对结构承载能力进行了评价。

2.1　T 形梁病害调查分类

2.1.1　梁体病害调查

1. 正截面受弯裂缝

正截面受弯裂缝是目前梁体较为容易出现的一种裂缝，具体表现为沿着梁高方向的竖向裂缝或在 T 形梁底面的横向开裂。裂缝形态如图 2-1 所示。

2. 弯剪型斜裂缝

因弯矩的作用首先在梁下产生竖向裂缝，导致截面应力的重分布，其结果是劈尖的剪应力和正应力显著增大，裂缝在由剪应力和正应力所构成的主拉应力作用下斜向发展而形成的弯剪裂缝。它出现的区域一般在 $1/4L \sim 3/4L$ 梁体之间，如图 2-2 所示。

图 2-1　竖向裂缝示意图

图 2-2　弯剪型斜裂缝示意图

3. 腹剪型斜裂缝

在剪力较大，弯矩较小的梁段腹部，由剪应力构成的主拉应力超过混凝土在此应力状态下的抗拉强度时，混凝土即在与主拉应力垂直方向开裂并斜向发展。常见于支点附近腹板上的斜向裂缝，裂缝形态如图 2-3 所示。

4. 粘结裂缝

斜裂缝的发展导致与斜裂缝相交的纵筋应力显著增大，而支座截面处的纵筋应

力为零，使纵筋产生很大的拉力差，由纵筋与混凝土粘结力来平衡，当粘结力超过其粘结强度时即产生粘结裂缝。若纵筋端部的锚固力不足，可能产生纵筋被破坏的粘结裂缝。

5. 撕裂裂缝

随着斜裂缝的发展，斜裂缝抗剪能力逐步削弱，斜裂缝两侧混凝土梁体在剪力作用下沿斜裂缝面的错动趋于明显，梁端纵筋下部的混凝土受到纵筋向下的崩力，对无箍筋或箍筋配置较少的梁，在此崩力作用下将产生沿纵筋的撕裂裂缝。

6. 梁腹板上的竖向裂缝

多位于薄腹板的中部，中间宽两头细，未向上、向下延伸，多系混凝土养护差、或温度变化、或腹板上的水平筋太小等原因所导致的收缩裂缝，主要影响结构的耐久性。

7. 沿预应力钢束的纵向裂缝

产生的原因为预应力钢束保护层过薄，钢束处局部应力过大产生劈裂或是混凝土保护层碳化后预应力筋生锈所致。

8. 预应力锚具锚下纵向裂缝

长度一般不超过梁高，主要为锚下局部应力集中产生的劈裂拉力所致。

9. 翼缘板腹板交接处斜向裂缝

产生的原因可能是由于梁端头被混凝土堵死，在热胀的作用下翼缘混凝土局部开裂，如图 2-4 所示。

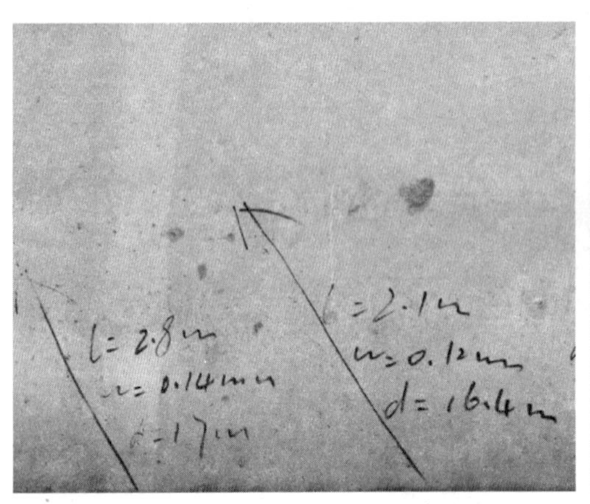

图 2-3　腹剪型斜裂缝示意图

图 2-4　翼缘板腹板交接处斜向裂缝示意图

一般 T 形梁的翼板厚度远小于梁高，当按铰接考虑梁的横向连接时，由于翼板相接处的结构高度与梁高相差太大，其铰接作用很难实现，且未设置足够的横向连系，从而在翼板连接处造成损坏；按刚接考虑梁的横向连接时，如果横梁数量设置不够，也形不成横向刚性连接，实际受力状态与理论不符，会形成单梁受力过大而损坏，当横梁本身抗力较弱时，也极易由于承受较大的横向弯曲力的作用而损坏。对于装配式 T 形梁，应设置数量和抗力足够的横梁，并按梁格体系进行结构分析，对主梁及横梁分别进行结构设计，以保证结构实际受力状态与理论受力模式相符。

2.1.2　横隔板病害调查

T 形梁横隔板如采用铰接的方式，横隔板产生的病害主要有以下几种：

1. 接缝处开焊

在桥梁实际运营过程中，横隔板相交的位置计算假定为铰接，在两片梁之间不传递弯矩的作用，但是会产生相对转角，如相对转角过大就会导致焊接焊缝开裂，接头处水泥砂浆保护层脱落等病害，如图 2-5 所示。

图 2-5　横隔板接缝处开焊示意图

2. 预埋钢板处混凝土开裂

在预埋钢板处，常会出现钢板与混凝土之间的锚固出现破坏而反映到混凝土外侧的裂缝上。

3. 斜裂缝

在横隔板上常常会出现由于根部附近剪力较大而出现的斜向裂缝。

4. 横隔板与梁体连接处的裂缝

在横隔板与梁体接触位置，如果横隔板中的钢筋伸入梁体中数量较少的话，会出现沿梁体高度方向的竖向裂缝。

2.1.3　桥面铺装病害调查

桥面铺装的主要病害为沿翼缘接缝处的纵向裂缝，较多发生在预制装配 T 形梁桥翼缘采用铰接或横向联系受损较大的装配式简支梁桥。此种病害会造成恶性循环，加重单片梁的其他病害程度。另外较容易出现病害的就是桥面连续位置处横向裂缝，发展严重的会形成破碎带，然而此种病害与所采用的简支体系有关，只需简易处理即可。

T 形梁桥面铺装的损坏主要是因为：

（1）铺装层结构不合理或材料性能较差，在剪应力的作用下产生剪切破坏；

（2）铺装层与桥面板间以及桥面铺装层之间的粘结质量较差，抗水平剪切能力较弱，在水平方向上产生相对位移而发生剪切破坏，从而产生推移、拥包等病害；

（3）因温度变化并伴随桥面板或梁结构的大挠度而产生的裂缝，在车辆荷载及渗入的水的作用下产生面层松散和坑槽破坏。

T 形梁桥面铺装损坏的防治措施，防治桥面铺装损坏的关键除了合理的桥面铺装结构设计、桥面铺装材料的质量和施工质量外，最主要的是要保证桥面铺装层与桥面板间以及桥面铺装层之间的粘结质量。对于设找平层的装配式桥梁，必须严格控制施工质量，梁板顶面凿毛露出骨料，并用高压水枪将桥面板清洗干净。为使桥面铺装与梁板结合紧密，使桥面铺装共同参与受力，同时固定桥面铺装钢筋的位置。

2.1.4 郑州黄河公路大桥病害综述

郑州黄河公路大桥于1984年开始建设，1986年10月1日通车。它南起郑州市花园口，北抵河南省新乡市原阳县马庄，为河南省内跨越黄河的重要快速通道，也是107国道上的重要桥梁。该桥主桥全长5549.86m，共137跨。桥宽1.0m（人行道）+16m（行车道）+1.0m（人行道）；南引桥面宽19.5m，行车道宽16m，两侧人行道宽各1.5m。设计荷载为汽-超20级、挂-120，人群3.5kN/m^2。该桥上部结构为预应力混凝土简支T形梁，桥面每140~250米设一道伸缩缝，全桥共25联。下部结构为钻孔灌注桩基础，桩式桥台，双柱式桥墩。

大桥连接线上有三座桥，基本情况如下：（1）老庄桥为6×16m预应力空心板桥梁，桥长100m，桥宽1.5m（人行道）+23m（行车道）+1.5m（人行道）；（2）幸福渠桥为2×16m预应力空心板桥梁，桥长32.40m，桥宽0.5m（人行道）+23m（行车道）+0.5m（人行道）；（3）索须河桥为12×16m预应力空心板桥梁，桥长196.20m，桥宽1.5m（人行道）+23m（行车道）+1.5m（人行道）。

该桥于2009年11月发现部分横隔板出现开裂、混凝土脱落等病害。2010年3月份对该桥进行了详细的病害调查。调查发现该桥主要以部分T形梁横隔板（包括20m、40m、50m）断裂、混凝土脱落；桥梁桥面纵缝、横缝、网裂等病害为主，特别是西幅病害更加严重。随后针对不同病害给出了相应加固方法并通过专家评审，针对该加固工程已经完全结束。

2010年6月份开始对该桥横隔板等病害进行加固。9月份在加固20mT形梁横隔板过程中，发现部分梁体有多条竖向裂缝，严重的已开裂至翼缘下缘。大桥管理公司及主管领导极其重视，迅速组织检测、设计、监理、施工等单位制定抢修方案，并多次召开专家会对抢修方案进行评审，现在抢修方案也已经完全实施完毕。

2010年10月底，在40mT形梁横隔板加固过程中又发现91~137跨（40m跨径）西半幅T形梁（从东向西第4、5、6、7号梁）特别是6、7号梁出现多条横向裂缝。受大桥管理公司委托，我公司迅速对发现病害处主梁横向裂缝进行了调查，并对其他跨包括50m跨T形梁进行详细调查，成果汇编在《郑州黄河公路大桥外观特别检查报告》。由于资金等方面的原因，从2011年1月起对40米T形梁病害最为严重处进行加固。

2010年11月1日至2011年2月5日对郑州黄河公路大桥进行了特别外观检查，桥梁主要病害为：

1. 桥面系

桥面存在严重纵向开裂、并伴有坑槽及网裂，开裂严重处形成一条约50cm宽的开裂带，该裂缝与主梁翼缘板接缝对应。

2. 上部结构

（1）主梁：除50m T形梁处于较好的状态之外，20m及40m梁体病害严重，具体表现为裂缝数量较多、裂缝分布区域较广且裂缝延伸高度较高。

从现场检查来看，梁体的主要病害为在汽车荷载作用下的受力裂缝，20m及40m T形梁病害为跨中附近的正截面竖向裂缝、跨中到四分点之间的弯剪型斜裂缝和支座附近的腹剪型斜裂缝。

（2）横隔板：目前新发现的 20m T 形梁横隔板损坏以斜向裂缝为主；40m 及 50m T 形梁部分严重的横隔板已经完全断裂，完全起不到横向联系的作用。

（3）支座：支座病害的类型主要为剪切变形、橡胶老化、以及滑动支座处的钢板锈蚀、防尘罩破损、橡胶老化。

2.2　病害原因分析

（1）桥面纵向裂缝主要发生在两块板交接处，且西幅病害严重，因为西幅重车较多，横隔板出现开裂混凝土脱落病害，严重的已经形成单梁受力，在强大的剪力和重车冲击压力作用下，桥面出现沿翼板接缝位置的纵向裂缝。另外旧的桥面铺装层较薄且配筋为 $\phi8$ 圆钢，本身强度及整体性也较低。

（2）梁体的主要病害为在汽车荷载作用下的受力裂缝，产生原因为跨中正截面拉应力超过混凝土容许拉应力、四分点及支座附近主拉应力超过混凝土抗拉应力而产生的斜裂缝。该种裂缝形成的原因：①车辆超载超限情况比较严重，使桥梁承受的荷载较以前设计标准有较大的提高，降低了桥梁的安全储备。②由于桥梁修建年代较早，依据当时的桥梁设计理念，本着节约材料与资金的原则，桥梁的截面尺寸包括梁高及腹板厚度均较小、支座附近变截面长度不满足目前规范要求，这些原因都会造成桥梁安全储备和整体刚度不足，易引起梁体开裂等病害。③由于之前横隔板破坏较严重，横隔板在上部结构荷载横向分配中起重要的作用，如果横隔板损坏严重，会引起横向上各个梁传力不顺畅，单片梁承受荷载变大，从而造成梁体加速损坏。

（3）横隔板的开裂属于剪切和弯拉破坏。最近几年本桥交通量的急剧增大及重车的增多，原有横隔板横向联系不足以抵抗重载交通下的横向弯矩和剪力作用，是造成横隔板破坏的主要原因。

横隔板在起到联系各个梁体的作用的同时，也要承担桥梁结构在横向上汽车产生的效应。从受力模式上讲，横隔板是一个横向受弯构件，也要承受弯矩跟剪力的作用，因此亦容易在弯矩跟剪力共同作用下产生斜裂缝。

横隔板破损程度较 20m 横隔板严重得多，50m 横隔板在汽车荷载作用下的受力模式同 20mT 形梁横隔板类似，也是承受弯剪共同作用，但是由于 50m 跨度较大，承受的荷载必定更大，同时，受过去减少自重以及荷载水平较低的影响，在设计当中采用了将横隔板中心挖去一个六边形的方法。虽然这种方式减轻了自重，但是在目前超载如此严重的情况下，不能适应这种荷载水平，出现了大量损坏。而且，在过去的横隔板设计中，两个横隔板的连接采取的是将接头处进行焊接的方法。目前来看，这种方式强度严重不足，许多横隔板在此部位纷纷断裂。横隔板破坏之后，会造成桥梁横向联系变弱，使单片梁承受的荷载迅速增加，加速梁体的损伤。同时梁体损伤之后，会使梁体刚度下降，在超载车辆作用下变形加大，这也会造成两块横隔板之间剪切变形加大，使横隔板加速破坏，在梁体破坏跟横隔板破坏之间形成一个恶性循环。

（4）由于当时修建桥梁期间技术水平的限制，橡胶支座的寿命就是25年左右。同时近年来超重车辆逐渐增多，也对桥梁病害起到加重作用。

2.3 结构承载能力评价

梁体的主要病害为在汽车荷载作用下的受力裂缝，50mT形梁病害为跨中附近的正截面竖向裂缝、跨中到四分点之间的弯剪型斜裂缝和支座附近的腹剪型斜裂缝，产生原因为跨中处正截面拉应力超过混凝土容许拉应力、四分点及支座附近主拉应力超过混凝土抗拉应力而产生的斜裂缝。

由于桥梁修建年代较早，依据当时的桥梁设计理念，本着节约材料与资金的原则，桥梁的截面尺寸包括梁高及腹板厚度均较小、支座附近变截面长度不满足目前规范要求，这些原因都会造成桥梁安全储备和整体刚度不足，易引起梁体开裂等病害。

由于之前横隔板破坏较严重。横隔板在上部结构荷载横向分配中起重要的作用，如果横隔板损坏严重，会引起横向上各个梁传力不顺畅，单片梁承受荷载变大，从而造成梁体加速损坏。通过2014年对横隔板进行粘贴钢板加固维修，桥梁的整体受力性能有较大程度的改善。

2.3.1 原桥承载能力复核结果

1. 作用效应计算

1）材料特性

（1）混凝土：T形梁采用强度等级为C50的混凝土，依据《公路钢筋混凝土及预应力混凝土桥涵设计规范》JTJ 023—85第2.1.2条、2.1.3条可知其材料参数如表2-1所示。依据《公路钢筋混凝土及预应力混凝土桥涵设计规范》JTG D62—2004第3.1.3条、3.1.4条、3.1.5条以及附录A，C50混凝土对应该规范强度等级为C48，其材料参数见表2-2。T形梁截面如图2-6所示，预应力钢筋布置如图2-7所示，截面参数计算表见表2-3。

材料参数表 **表2-1**

混凝土材料参数	数值
弹性模量（MPa）	3.5×10^4
泊松比	0.1667
重力密度（kN/m^3）	26.0
轴心抗压设计强度（MPa）	28.5

材料参数表 **表2-2**

混凝土材料参数	数值
弹性模量（MPa）	3.41×10^4
泊松比	0.20
重力密度（kN/m^3）	26.0
轴心抗压设计强度（MPa）	21.64

原设计截面参数计算表　　**表 2-3**

截面性质	面积(mm^2)	抗弯惯性矩(mm^4)	截面形心(mm)
数值	9.123×10^5	8.06126×10^{11}	967

（2）钢筋：跨中截面底部布置 60 根国产 ϕ15 钢绞线，依据图纸上预应力钢筋说明，其标准强度为 1500MPa，依据《公路钢筋混凝土及预应力混凝土桥涵设计规范》JTJ 023—85 第 2.2.2 条条文说明，即碳素钢丝、刻痕钢丝和钢绞线的设计强度取其抗拉强度的 0.8 倍，即设计强度为 $0.8\times1500=1200$MPa。跨中截面底部布置 19 根 II 级钢筋直径为 14 的普通钢筋，设计强度为 340MPa。

支点截面布置 ϕ16 与 ϕ10 箍筋，依据《公路钢筋混凝土及预应力混凝土桥涵设计规范》JTJ 023—85 第 2.2.3 条其设计强度为 240MPa，箍筋间距为 10cm。

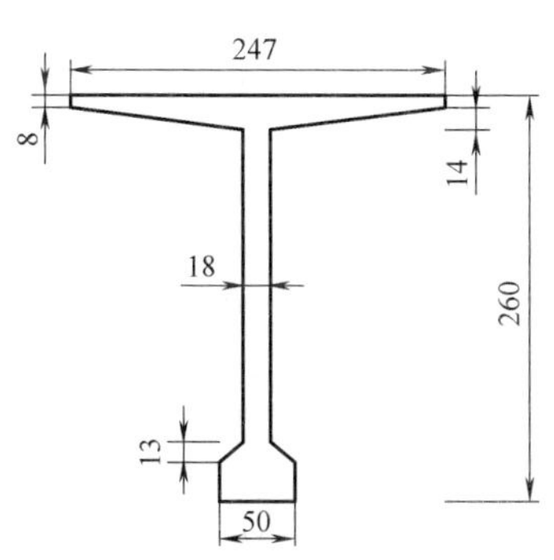

图 2-6　原设计截面一般构造图（单位：cm）

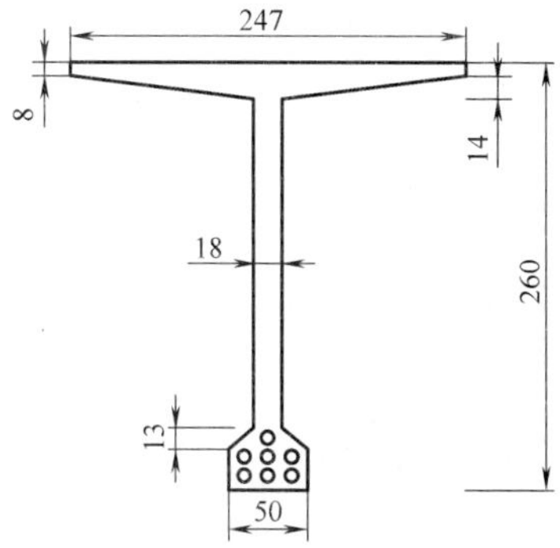

图 2-7　预应力钢筋布置图（单位：cm）

依据《公路钢筋混凝土及预应力混凝土桥涵设计规范》JTG D62—2004 第 3.2.3 条条文说明，预应力钢筋的抗拉强度设计值为 $\frac{1500}{1.47}=1020$MPa。跨中截面底部布置 19 根 II 级钢筋直径为 14 的普通钢筋，设计强度为 280MPa。依据《公路钢筋混凝土及预应力混凝土桥涵设计规范》JTG D62—2004 第 3.2.3 条其设计强度为 280MPa。支点截面布置 ϕ16 与 ϕ10 箍筋，依据《公路钢筋混凝土及预应力混凝土桥涵设计规范》JTG D62—2004 第 3.2.3 条其设计强度为 195MPa。

2）荷载：原设计荷载汽车—超 20 级，挂车—120。

3）内力计算：T 形梁（边梁）跨中截面内力计算值见表 2-4。

跨中截面荷载　　**表 2-4**

荷载	跨中最大正弯矩 M(单位:kN·m)	支点剪力 Q(单位:kN)
恒载(原设计)	9064.4	764.2
恒载(改造后)	10663.2	894.7
汽车—超 20 级	4423.2	349.8
人群荷载	533.8	59.7

注：原设计桥面铺装为 8～15.5cmC25 防水钢筋混凝土。改造后桥面铺装为 8～15.5cmC25 防水钢筋混凝土 +5cm 中粒式改性沥青混凝土。

4）荷载组合：依据《公路钢筋混凝土及预应力混凝土桥涵设计规范》JTJ 023—85 第 4.1.2 条的规定，组合后内力见表 2-5。

内力组合汇总表 **表 2-5**

荷载组合	跨中最大正弯矩 M_j（单位：kN·m）	支点剪力 Q_j（单位：kN）
工况 1	18707.9	1564.9
工况 2	20722.4	1729.3

工况 1（原设计）：$1.2S_G+1.4S'_{Q1}$

其中 S_G——永久荷载中结构重力产生的效应；

S_{Q1}——基本可变荷载中汽车（包括冲击力）、人群产生的效应；

工况 2（改造后）：$1.2S_G+1.4S'_{Q1}$

其中 S_G——永久荷载中结构重力产生的效应；

S_{Q1}——基本可变荷载中汽车（包括冲击力）、人群产生的效应。

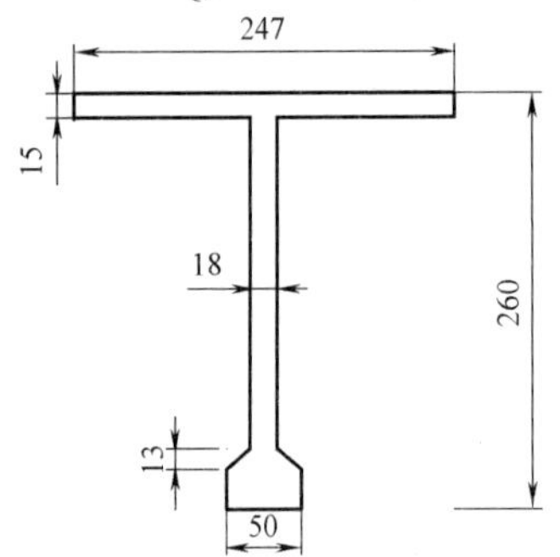

图 2-8 等效转换结果计算图示（图中结构尺寸：cm）

2. 原结构承载能力复核

按照承载能力极限状态对截面强度进行复核，在进行截面强度复核时，将 T 形梁截面等效转换结果如图 2-8 所示。

工况 1、荷载及组合按照原设计规范，抗力效应按照原设计规范。

（1）跨中截面受弯承载力

考虑普通钢筋，依据《公路钢筋混凝土及预应力混凝土桥涵设计规范》JTJ 023—85 第 5.1.7 条：

由于：

$R_gA_g+R_yA_y=340\times2924.1+1200\times8400=11074194>R_ab'_ih'_i=28.5\times2470\times150=10559250$

根据《公路钢筋混凝土及预应力混凝土桥涵设计规范》JTJ 023—85 第 5.1.7 条：

由公式 $R_gA_g+R_yA_y=R_abx+R_a(b'_i-b)h'_i+R'_gA'_g+\sigma'_{ya}A'_y$ 可得：

混凝土受压区高度：

$$x=\frac{(R_gA_g+R_yA_y)-R_a(b'_i-b)h'_i}{R_ab}$$

$$=\frac{(340\times2924.1+1200\times8400)-28.5\times(2470-180)\times150}{28.5\times180}$$

$$=250.4\text{mm}<0.4h_0=0.4(h-a)=0.4(2600-167)=973.2\text{mm}$$

故取 $x=250.4\text{mm}$。

混凝土安全系数 $\gamma_c=1.25$

该截面的抵抗弯矩为：

$$M_R = \frac{1}{\gamma_c}\left[R_a bx\left(h_0 - \frac{x}{2}\right) + R_a(b_i' - b) \times \left(h_0 - \frac{h_i'}{2}\right)h_i'\right]$$

$$= \frac{\begin{array}{c}[28.5 \times 180 \times 250.4 \times (2433 - 0.5 \times 250.4) + 28.5 \times \\ (2470 - 180) \times (2433 - 0.5 \times 150) \times 150]\end{array}}{1.25}$$

$$= 20838.9\text{kN} \cdot \text{m} > M_j = 18707.9\text{kN} \cdot \text{m}$$

计算结果表明，在原设计荷载作用下，按照原设计规范进行验算知该桥跨中正截面抗弯承载能力满足要求。

（2）距支座中心 $h/2$ 截面

取距支座中心 $h/2$ 截面。

经试算 C 值为 2.115m，计算得 $Q = 1376.3\text{kN}$，对应 $M = 4851.8\text{kN} \cdot \text{m}$。

$C = 0.6mh_0 = 0.6M/Q = 0.6 \times 4851.8/1376.3 = 2.115\text{m}$。

最不利截面为距支座 3.415m 处。

根据《公路钢筋混凝土及预应力混凝土桥涵设计规范》JTJ 023—85 第 5.1.10 条：

$$p = 100 \times \frac{A_g + A_y + A_{yw}}{bh_0} = \frac{100 \times (8400 + 2924.1) \times 10^{-2}}{18 \times 206.5} = 3.047$$

$$\mu_k = \frac{A_k}{s_k b} = \frac{157.08 \times 10^{-2}}{10 \times 18} = 0.00873$$

$$m = \frac{M}{Qh_0} = \frac{4851.8 \times 100}{1376.3 \times 206.5} = 1.707$$

$$Q_{hk} = \frac{0.008(2 + p)\sqrt{R}}{m} bh_0 + 0.12\mu_k R_{gk} bh_0$$

$$= \frac{0.008 \times (2 + 3.047) \times \sqrt{50} \times 18 \times 206.5}{1.707} + 0.12 \times 0.00873 \times 240 \times 18 \times 206.5$$

$$= 621.7 + 934.5 = 1556.2\text{kN}$$

$$\begin{aligned} Q_w &= 0.068 R_{yw} \Sigma A_{yw} \sin\alpha \\ &= 0.068 \times 1200 \times (25.20 \times \sin 1.8° + 25.20 \times \sin 4.6° + \\ &\quad 2 \times 11.20 \times \sin 5.2° + 11.20 \times \sin 5.3°) \\ &= 479.6\text{kN} \end{aligned}$$

$$Q_R = Q_{hk} + Q_w = 1556.2 + 479.6 = 2035.8\text{kN} > Q_j = 1376.3\text{kN}$$

计算结果表明，在原设计荷载作用下，按照原设计规范进行验算知该桥斜截面抗剪承载能力满足要求。

2.3.2　考虑承载能力折减的复核结果

1. 检测评定的内容

1）外观检查

（1）桥面系：桥面铺装、伸缩装置、排水系统、护栏等。

（2）上部结构：上部承重构件（主梁）、上部一般构件（板缝及横隔板）、支座等。

(3) 下部结构：桥墩、桥台、墩台基础等。

2) 桥梁材质状况与状态参数检测

(1) 桥梁材质强度检测；

(2) 钢筋锈蚀电位检测；

(3) 氯离子含量检测（钢筋锈蚀电位评定标度值为3、4、5时检测）；

(4) 电阻率检测（钢筋锈蚀电位评定标度值为3、4、5时检测）；

(5) 碳化状况检测（钢筋锈蚀电位评定标度值为3、4、5时检测）；

(6) 钢筋保护层厚度检测；

(7) 桥梁结构自振频率检测评定。

3) 承载能力检算评定

桥梁承载能力评定主要内容为：

(1) 检算系数 Z_1 的确定；

(2) 承载能力恶化系数 ξ_e 的确定；

(3) 截面折减系数 ξ_c 的确定；

(4) 钢筋截面折减系数 ξ_s 的确定；

(5) 活载影响修正折减系数 ξ_q 的确定；

(6) 主要承重构件极限状态验算。

2. 承载能力极限状态评定参数确定

(1) 承载能力检算系数（Z_1）的确定

综合考虑桥梁或构件缺损状况（权重0.4）、材质强度（权重0.3）和自振频率（权重0.3）等检测评定结果，确定构件承载能力检算系数评定标度 D。

根据该桥的外观缺损情况，结合评定标准确定该桥评定标度值为4。

根据现场混凝土强度检测数据，混凝土强度，其评定标度为1。

该桥理论计算自振频率值为2.236 Hz，实测桥梁结构固有频率2.344Hz，实测自振频率 f_{mi} 与设计理论计算值 f_{di} 的比值为1.048。其评定标度为2。见表2-6。

评定标度表 **表2-6**

检测指标	评定标度值 D_j	权重 α_j
缺损状况	4	0.4
材质强度	1	0.3
自振频率	2	0.3
构件承载能力检算系数评定标度 $D=4\times0.4+1\times0.3+2\times0.3=2.5$		

得到该桥主梁的承载能力检算系数 Z_1 为1.05。

依据《公路桥梁承载能力检测评定规程》JTG/T J21—2011第7.1.6条，当桥梁结构或构件的承载能力检算系数评定标度 $D\geqslant3$ 时，应进行正常使用极限状态评定计算。该桥主梁的承载能力检算系数为2.5 <3，故本桥未进行正常使用极限状态评定计算。

(2) 承载能力恶化系数（ξ_e）的确定

对于钢筋混凝土结构，根据结构表观状况、构件材质强度、钢筋锈蚀电位、混凝土电阻率、混凝土中氯离子含量、混凝土碳化深度、钢筋保护层厚度等的检测评定结果，采用考虑各检测指标影响权重的综合评定方法，计算构件的恶化状况评定值 E，最后根据不同环境条件，取用承载能力恶化系数。根据现场检查情况分别对以上各检测指标给出评定标度值见表 2-7。

评定标度表 **表 2-7**

检测指标	评定标度值 E_j	权重 α_j
缺损状况	4	0.32
钢筋锈蚀电位	3	0.11
混凝土电阻率	2	0.05
混凝土碳化深度	1	0.20
钢筋保护层厚度	2	0.12
混凝土中氯离子含量	2	0.15
混凝土强度	1	0.05
计算得恶化状况评定值：$E = 4\times0.32 + 3\times0.11 + 2\times0.05 + 1\times0.20 + 2\times0.12 + 2\times0.15 + 1\times0.05 = 2.50$		
环境条件为：干湿交替、冻、无侵蚀介质		

得到该梁承载能力恶化系数 ξ_e 为 0.085。

(3) 截面折减系数（ξ_c、ξ_s）的确定

考虑由于材料风化、碳化、物理与化学损伤引起的结构构件有效截面损失（ξ_c），以及由于钢筋腐蚀剥落造成的钢筋有效截面的损失（ξ_s），对结构截面抗力效应的影响。

根据现场检查情况分别对以上各检测指标给出评定标度值，计算得到构件截面损伤的综合评定值 R 见表 2-8。

评定标度表 **表 2-8**

检测指标	评定标度值 R_j	权重 α_j
材料风化	1	0.10
混凝土碳化	1	0.35
物理与化学损伤	1	0.55
计算得构件截面损伤的综合评定值 $R = 1\times0.10 + 1\times0.35 + 1\times0.55 = 1.0$		

根据截面损伤的综合评定值 R，得出截面折减系数 $\xi_c = 1.0$

钢筋的截面折减系数 ξ_s 值的确定；评定标度值为 1，钢筋截面折减系数 ξ_s 为 1.0。

(4) 活载影响修正折减系数（ξ_q）的确定

由于重车过桥较多，因此考虑汽车检算荷载的活载影响修正系数时，交通量的活载影响修正系数 ξ_{q1} 取为 1.14，其他 ξ_{q2} 和 ξ_{q3} 取为 1.16 及 1.15，检算荷载的活载影响修正系数 $\xi_q = (\xi_{q1}\xi_{q2}\xi_{q3})^{1/3} = 1.15$。

3. 基于检测结果的承载力评定计算

依据《公路桥梁承载能力检测评定规程》JTG/T J21—2011 6.4.5 条规定，扣除

表面2cm磨耗层，即该梁体考虑6cm的混凝土桥面铺装参与梁体共同受力。

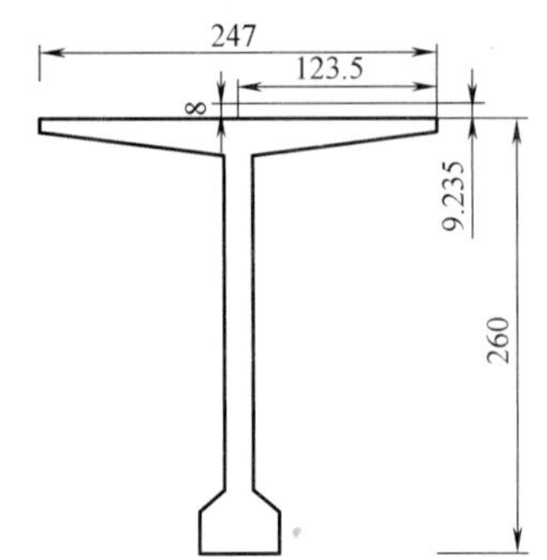

图2-9　原设计边梁桥面铺装层结构图
（图中结构尺寸：cm）

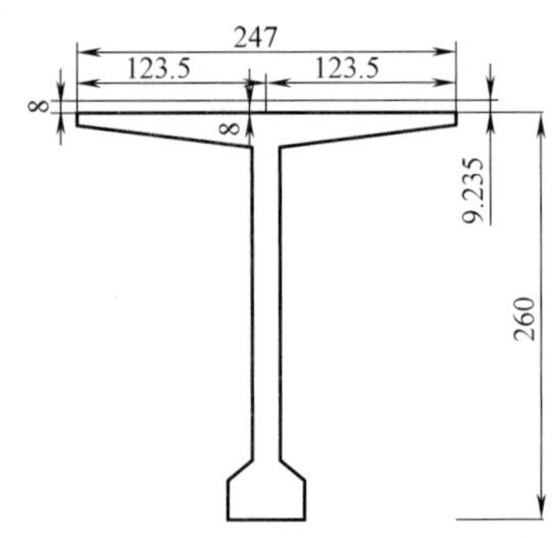

图2-10　改造后边梁桥面铺装层结构图
（图中结构尺寸：cm）

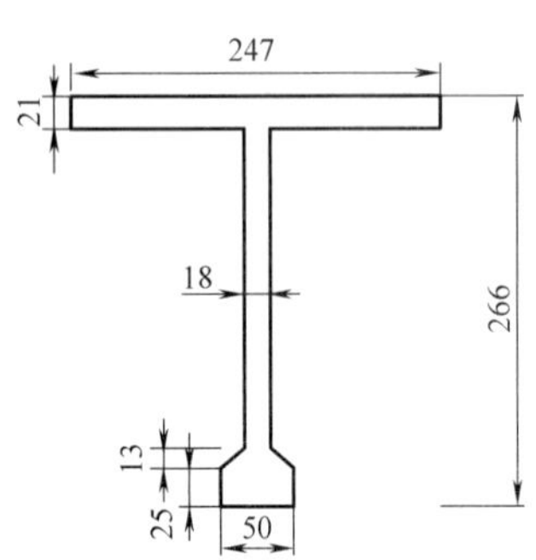

图2-11　等效转换结果计算图示
（图中结构尺寸：cm）

按照承载能力极限状态对截面强度进行复核，在进行截面强度复核时，将T形梁截面等效转换结果如图2-11所示。

工况2、改造后荷载及组合按照原设计规范，抗力效应按照现行设计规范。

（1）跨中正弯矩截面

考虑普通钢筋，根据《公路钢筋混凝土及预应力混凝土桥涵设计规范》JTG D62—2004第5.2.3条：

由于：

$f_{sd}A_s+f_{pd}A_p=280\times2924.1+1020\times8400=9386748<f_{cd}b_f'h_f'=21.64\times2470\times210=11224668$

根据《公路钢筋混凝土及预应力混凝土桥涵设计规范》JTG D62—2004第5.2.3条：

混凝土受压区高度：

$$x=\frac{f_{sd}A_s+f_{pd}A_p}{f_{cd}b}=\frac{280\times2924.1+1020\times8400}{21.64\times2470}=175.6\text{mm}$$

$$<0.4h_0=0.4(h-a)=0.4(2660-167)=997.2\text{mm}$$

故取$x=175.6$mm。

该截面的抵抗弯矩为：

$$M_R=f_{cd}bx\left(h_0-\frac{x}{2}\right)=21.64\times2470\times175.6\times(2493-0.5\times175.6)=22575.1\text{kN}\cdot\text{m}$$

$$M_R'=R(f_d,\xi_c a_{dc},\xi_s a_{ds})Z_1(1-\xi_e)=22575.1\times1.05\times(1-0.085)$$

$$=21689.0\text{kN}\cdot\text{m}>M_j(\xi_q)=21651.1\text{kN}\cdot\text{m}$$

计算结果表明，在原设计荷载作用下，考虑承载能力检算系数后，按照现行设计规范进行验算得出该桥正截面抗弯承载能力满足要求。

（2）距支座中心$h/2$截面

取距支座中心$h/2$截面。

经试算 C 值为 2.2m，计算得 $V_d=1510.7\text{kN}$，对应 $M_d=5541.2\text{kN}\cdot\text{m}$。

$C=0.6mh_0=0.6M_d/V_d=0.6\times5541.2/1510.7=2.2\text{m}$。

最不利截面为距支座 3.53m 处。

依据《公路钢筋混凝土及预应力混凝土桥涵设计规范》JTG D62—2004 第 5.2.7 条：

$$P=100\times\frac{A_p+A_{pb}+A_s}{bh_0}=\frac{100\times(8400+2924.1)}{180\times2131}=2.952$$

$$\rho_{sv}=\frac{A_{sv}}{s_v b}=\frac{157.08}{100\times180}=0.00873$$

$$\begin{aligned}V_{cs}&=\alpha_1\alpha_2\alpha_3 0.45\times10^{-3}bh_0\sqrt{(2+0.6P)\sqrt{f_{cu,k}}\rho_{sv}f_{sv}}\\&=1.0\times1.25\times1.1\times0.45\times10^{-3}\times180\times2131\\&\quad\times\sqrt{(2+0.6\times2.952)\times\sqrt{48}\times0.00873\times195}\\&=1582.6\text{kN}\end{aligned}$$

$$\begin{aligned}V_{pb}&=0.75\times10^{-3}f_{pd}\Sigma A_{pd}\sin\theta_p\\&=0.75\times10^{-3}\times1020\times(2520\times\sin1.8^\circ+2520\times\sin4.6^\circ\\&\quad+2\times1120\times\sin5.2^\circ+1120\times\sin5.3^\circ)\\&=449.6\text{kN}\end{aligned}$$

$$\begin{aligned}Q_R&=V'_{cs}+V'_{pb}=R(f_d,\xi_c a_{dc},\xi_s a_{ds})Z_1(1-\xi_e)=2031.5\times1.05\times(1-0.085)\\&=1951.7\text{kN}>Q_j(\xi_q)=1560.2\text{kN}\cdot\text{m}\end{aligned}$$

计算结果表明，在原设计荷载作用下，考虑承载能力检算系数后，按照现行设计规范进行验算知该桥斜截面抗剪承载力满足要求。

4. 基于检测结果的使用阶段应力计算

使用阶段应力计算均按照原设计规范进行验算，未考虑普通钢筋的影响。

(1) 使用阶段跨中截面混凝土法向压应力验算

原设计截面特性

净截面面积 $A_j=883799.471\text{mm}^2$，净截面惯性矩 $I_j=743139704492.779\text{mm}^4$，净截面惯性轴离顶面距离 $y_{js}=919.684\text{mm}$。

换算截面面积 $A'_0=949500\text{mm}^2$，换算截面惯性矩 $I'_0=882596955420.218\text{mm}^4$，换算截面惯性轴离顶面距离 $y'_{0s}=1024.106\text{mm}$。

改造后截面特性

换算截面面积 $A_0=1097700\text{mm}^2$，换算截面惯性矩 $I_0=1025080165540.741\text{mm}^4$，换算截面惯性轴离顶面距离 $y_{0s}=941.792\text{mm}$。

跨中截面使用荷载（荷载组合 I）弯矩值

$$M_{g1}=7582.8\text{kN}\cdot\text{m},\quad M_{g2}=3080.4\ \text{kN}\cdot\text{m},$$

$$M_p=4423.2\times1.15+533.8=5620.48\text{kN}\cdot\text{m}$$

$$N_{yII}=\sigma_{yII}A_y=630.337\times8400=5294830.8\text{N}$$

$$e_{yj}=\frac{\sigma_{yII}A_y e_y}{N_{yII}}$$

$$=\frac{630.337\times8400\times(2600-919.684-170.5)}{5294830.8}$$

$$=1509.816\text{mm}$$

混凝土法向压应力

$$\sigma_h=\frac{N_{yII}}{A_y}-\frac{N_{yII}e_{yj}}{I_j}y_j+\left(\frac{M_{g1}}{I_j}y_j+\frac{M_{g2}}{I_0'}y_0'+\frac{M_P}{I_0}y_0\right)$$

$$=\frac{5294830.8}{883799.471}-\frac{5294830.8\times1509.816}{743139704492.779}\times919.684+\frac{7582.8\times10^6}{743139704492.779}\times919.684$$

$$+\frac{3080.4\times10^6}{882596955420.218}\times1024.106+\frac{5620.48\times10^6}{1025080165540.74}\times941.792$$

$=14.22\text{MPa}(<0.5\times35\times1.05=18.375\text{MPa})$，符合要求。

（2）使用阶段主应力验算（四分之一跨截面）

原设计截面特性

净截面面积 $A_j=883799.471\text{mm}^2$，净截面惯性矩 $I_j=749150161872.132\text{mm}^4$，净截面惯性轴离顶面距离 $y_{js}=922.272\text{mm}$。

换算截面面积 $A_0'=949500\text{mm}^2$，换算截面惯性矩 $I_0'=875005518199.723\text{mm}^4$，换算截面惯性轴离顶面距离 $y_{0s}'=1021.187\text{mm}$。

改造后截面特性

换算截面面积 $A_0=1097700\text{mm}^2$，换算截面惯性矩 $I_0=1016701000148.639\text{mm}^4$，换算截面惯性轴离顶面距离 $y_{0s}=939.267\text{mm}$。

① 主应力计算

四分之一跨截面使用荷载（荷载组合 I）内力值

$$M_{g1}=5690.1\text{kN}\cdot\text{m},\quad M_{g2}=2311.5\text{kN}\cdot\text{m},$$
$$M_p=3323.8\times1.15+400.56=4222.95\text{kN}\cdot\text{m}$$

$Q_{g1}=309.5\text{kN}$，$Q_{g2}=125.7\text{kN}$，$Q_p=198.7\times1.15+21.8=250.31\text{kN}\cdot\text{m}$

截面面积矩见表2-9，主应力计算部位如图2-12所示。

面积矩计算表 **表2-9**

截面类型	原设计 净截面对其重心轴			原设计 换算截面对其重心轴			改造后 换算截面对其重心轴		
计算点位置	$a-a$	$b-b$	$c-c$	$a-a$	$b-b$	$c-c$	$a-a$	$b-b$	$c-c$
面积矩符号	S_{ja}	S_{jb}	S_{jc}	S_{0a}'	S_{0b}'	S_{0c}'	S_{0a}	S_{0b}	S_{0c}
面积矩(mm^3)	321333730.626	365720165.255	218896724.164	359228184.731	416999281.585	265154047.995	439611864.993	478728827.267	280843431.405

a. 剪应力

对四分之一跨主应力计算点分别取上梗肋 $a-a$ 纤维处，改造后换算截面重心轴

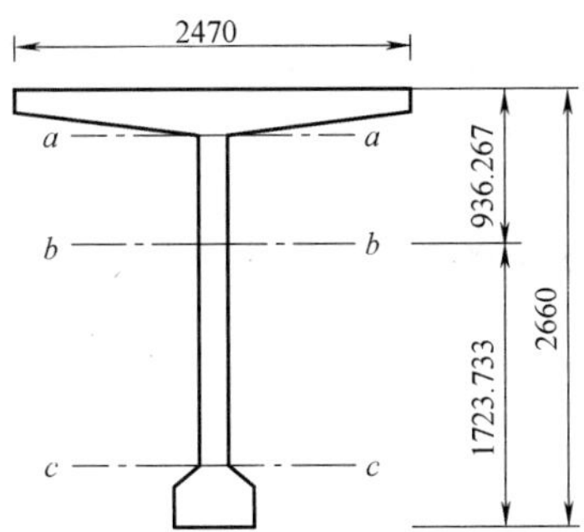

图 2-12　主应力计算部位图示（尺寸单位：mm）

$b-b$ 纤维及下梗肋 $c-c$ 纤维处

$$Q_{y}=\sigma_{yII}\cdot A_{y}\sin\theta=649.94\times3360\times\sin2.474°=94265.905\text{N}$$

$a-a$ 纤维处

$$\tau_{a}=\frac{Q_{g1}S_{ja}}{bI_{j}}+\frac{Q_{g2}S'_{0a}}{bI'_{0}}+\frac{Q_{p}S_{0a}}{bI_{0}}-\frac{Q_{y}S_{ja}}{bI_{j}}$$

$$=\frac{309.5\times10^{3}\times321333730.626}{180\times749150161872.132}+\frac{125.7\times10^{3}\times359228184.731}{180\times875005518199.723}$$

$$+\frac{250.31\times10^{3}\times439611864.993}{180\times1016701000148.639}-\frac{94265.905\times321333730.626}{180\times749150161872.132}$$

$$=1.401\text{MPa}$$

$b-b$ 纤维处

$$\tau_{b}=\frac{Q_{g1}S_{jb}}{bI_{j}}+\frac{Q_{g2}S'_{0b}}{bI'_{0}}+\frac{Q_{p}S_{0b}}{bI_{0}}-\frac{Q_{y}S_{jb}}{bI_{j}}$$

$$=\frac{309.5\times10^{3}\times365720465.255}{180\times749150161872.132}+\frac{125.7\times10^{3}\times416999281.585}{180\times875005518199.723}$$

$$+\frac{250.31\times10^{3}\times478728827.267}{180\times1016701000148.639}-\frac{94265.905\times365720465.255}{180\times749150161872.132}$$

$$=1.571\text{MPa}$$

$c-c$ 纤维处

$$\tau_{c}=\frac{Q_{g1}S_{jc}}{bI_{j}}+\frac{Q_{g2}S'_{0c}}{bI'_{0}}+\frac{Q_{p}S_{0c}}{bI_{0}}-\frac{Q_{y}S_{jc}}{bI_{j}}$$

$$=\frac{309.5\times10^{3}\times218896724.164}{180\times749150161872.132}+\frac{125.7\times10^{3}\times265154047.995}{180\times875005518199.723}$$

$$+\frac{250.31\times10^{3}\times280843431.405}{180\times1016701000148.639}-\frac{94265.905\times218896724.164}{180\times749150161872.132}$$

$$=0.945\text{MPa}$$

b. 正应力

预应力钢筋与纵向普通钢筋的合力为

$$N_{yII}=\sigma_{yII}A_{yw}\cos\theta+\sigma_{yII}A_{y}$$
$$=649.94\times3360\times0.9999+649.94\times4480=5095311.22\text{N}$$

受拉区预应力钢筋和非预应力钢筋合力作用点至构件净截面重心轴的距离为

$$e_{yj}=\frac{(\sigma_{yII}A_{yw}\cos\theta+\sigma_{yII}A_{y})e_{y}}{N_{yII}}$$

$$=\frac{(649.94\times3360\times0.9999+649.94\times4480)\times(2600-922.272-245)}{5459277.62}$$

$$=1337.21\text{mm}$$

$a-a$ 纤维处

$$\sigma_{hxa}=\frac{N_{yII}}{A_j}-\frac{N_{yII}e_{yj}}{I_j}y_{ja}+\left(\frac{M_{g1}}{I_j}y_{ja}+\frac{M_{g2}}{I_0'}y_{0a}'+\frac{M_p}{I_0}y_{0a}\right)$$

$$=\frac{5095311.22}{883799.471}-\frac{5095311.22\times1432.728}{749150161872.132}\times(922.272-220)$$

$$+\frac{5690.13\times10^6}{749150161872.132}\times(922.272-220)+\frac{2311.53\times10^6}{875005518199.723}\times(1021.187-220)$$

$$+\frac{4222.95\times10^6}{1016701000148.639}\times(939.267-280)$$

$$=8.622\text{MPa}$$

$b-b$ 纤维处

$$\sigma_{hxb}=\frac{N_{yII}}{A_j}-\frac{N_{yII}e_{yj}}{I_j}y_{jb}+\left(\frac{M_{g1}}{I_j}y_{jb}+\frac{M_{g2}}{I_0'}y_{0b}'+\frac{M_p}{I_0}y_{0b}\right)$$

$$=\frac{5095311.22}{883799.471}-\frac{5095311.22\times1337.21}{749150161872.132}\times(1720.733-1677.728)$$

$$+\frac{5690.13\times10^6}{749150161872.132}\times(1720.733-1677.728)$$

$$+\frac{2311.53\times10^6}{875005518199.723}\times(1720.733-1578.813)$$

$$+\frac{4222.95\times10^6}{1016701000148.639}\times(1720.733-1720.733)$$

$$=6.08\text{MPa}$$

$c-c$ 纤维处

$$\sigma_{hxc}=\frac{N_{yII}}{A_j}+\frac{N_{yII}e_{yj}}{I_j}y_{jc}-\left(\frac{M_{g1}}{I_j}y_{jc}+\frac{M_{g2}}{I_0'}y_{0c}'+\frac{M_p}{I_0}y_{0c}\right)$$

$$=\frac{5095311.22}{883799.471}+\frac{5095311.22\times1337.21}{749150161872.132}\times(2600-922.272-380)$$

$$-\frac{5690.13\times10^6}{749150161872.132}\times(2600-922.272-380)$$

$$-\frac{2311.53\times10^6}{875005518199.723}\times(2600-1021.187-380)$$

$$-\frac{4222.95\times10^6}{1016701000148.639}\times(2660-939.267-380)$$

$$=-0.775\text{MPa}$$

c. 主应力

$a-a$ 纤维处

$$\left.\begin{matrix}\sigma_{zl}\\ \sigma_{za}\end{matrix}\right\}=\frac{\sigma_{hxa}}{2}\mp\sqrt{\left(\frac{\sigma_{hxa}}{2}\right)^2+\tau_a{}^2}=\frac{8.622}{2}\mp\sqrt{\left(\frac{8.622}{2}\right)^2+1.401^2}=\begin{matrix}-0.222\\ 8.844\end{matrix}\text{MPa}$$

$b-b$ 纤维处

$$\left.\begin{matrix}\sigma_{zl}\\ \sigma_{za}\end{matrix}\right\}=\frac{\sigma_{hxb}}{2}\mp\sqrt{\left(\frac{\sigma_{hxb}}{2}\right)^2+\tau_b{}^2}=\frac{6.08}{2}\mp\sqrt{\left(\frac{6.08}{2}\right)^2+1.571^2}=\begin{matrix}-0.382\\ 6.462\end{matrix}\text{MPa}$$

$c-c$ 纤维处

$$\left.\begin{matrix}\sigma_{zl}\\ \sigma_{za}\end{matrix}\right\}=\frac{\sigma_{hxc}}{2}\mp\sqrt{\left(\frac{\sigma_{hxc}}{2}\right)^2+\tau_c{}^2}=\frac{-0.775}{2}\mp\sqrt{\left(\frac{-0.775}{2}\right)^2+0.945^2}=\begin{matrix}-1.409\\ 0.634\end{matrix}\text{MPa}$$

② 主应力验算

最大主压应力

$\sigma_{zamax}=8.844\text{MPa}<0.60R_a^b(Z_1)=0.6\times35.0\times1.05=22.05\text{MPa}$，符合要求。

最大主拉应力

$\sigma_{zlmax}=1.409\text{MPa}<0.80R_l^b(Z_1)=0.8\times3.0\times1.05=2.52\text{MPa}$，符合要求。

2.3.3　结构荷载试验结果

1. 静力荷载试验

1）检测依据

(1)《公路旧桥承载能力鉴定方法（试行）》；交通部标准，1988；

(2)《公路桥涵养护规范》JTG H11—2004。

2）静载试验检测内容：

依据现场实际情况，拟选择郑州侧第 1 跨为试验跨，测试截面如图 2-13 所示：

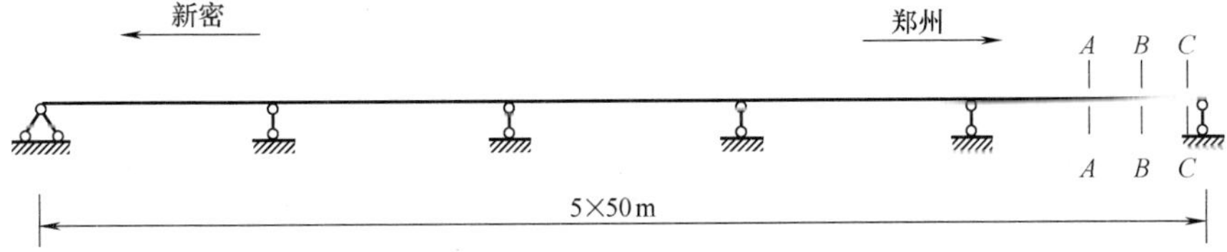

图 2-13　静荷载试验测试断面图

图中，A 截面为 $L/2$ 截面；B 截面为 $L/4$ 截面；C 截面为支点截面。

测试内容为：

(1) A 截面处挠度与应变测试；

(2) B 截面处挠度与应变测试；

(3) C 截面处挠度与应变测试；

(4) 荷载横向分布情况测试；

(5) 梁体裂缝开展情况。

3）静载测点布置及测试方法

(1) 测点布置

根据试验目的和试验内容的要求进行测点布置，其测点布置具体如下：

在试验跨 A、B 截面各梁梁底分别布置位移计和应变计，同时在 2 号梁、4 号梁、6 号梁距离梁底 2.2m 处布置应变仪，用以测试主梁中性轴高度，如图 2-14 所示。对 C 截面，主要测试截面应力分布，因此在 2 号梁、4 号梁、6 号梁布置 45°应变花，如图 2-15 所示。

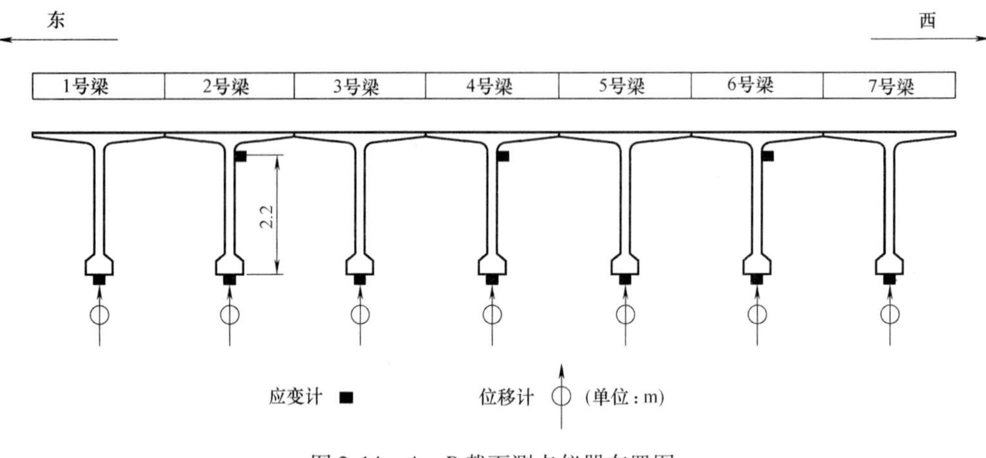

图 2-14　A、B 截面测点仪器布置图

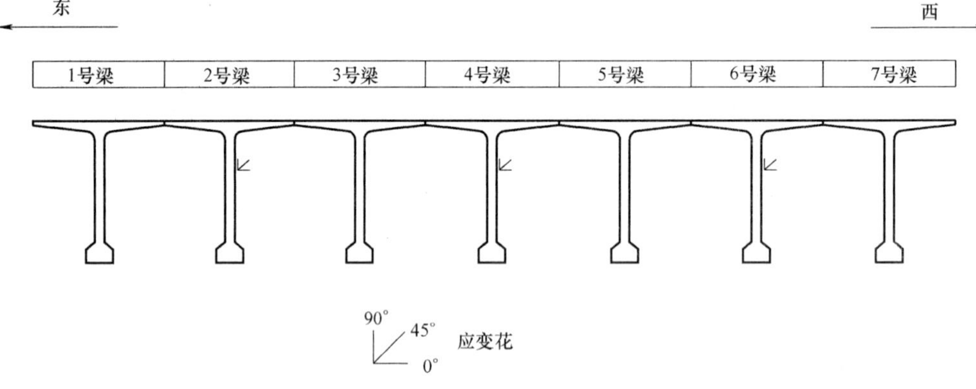

图 2-15　C 截面测点仪器布置图

（2）测试方法

在试验过程中，每施加一次荷载稳定 5min 后读数，之后每间隔 5min 读数一次，待最后一个 5min 读数的变化量小于前一个的 5min 增量的 25% 时，认为已相对稳定，即可施加下一级荷载，如此方法，直至荷载达到最大试验荷载为止。卸载也是如此。

① 应变数据采集采用 HY65 数码应变传感器及 HY65 数码位移传感器采样监测软件自动采集记录数据，38 只混凝土数码应变计为测试元件，测试范围：$-4000 \sim +4000\mu\varepsilon$、最小读数 $0.1\mu\varepsilon$，进行自动采样，自动记录。

② 支点、$L/4$、$L/2$ 截面挠度数据采集采用量程为 50mm 的 HY65 数码位移传感器，使用 HY65 数码位移传感器采样监测软件自动采集记录数据，最小读数 0.001mm，进行自动采样，自动记录。

③ 关注试验前后及试验期间是否有裂缝产生以及裂缝的开展情况观察。

（3）检测系统

根据本桥荷载试验的内容和目的，选配符合测试精度要求的检测系统如下：

① 仪器配置：

检测系统仪器配置情况见表2-10。

静态测试检测系统仪器配置一览表　　　　表2-10

测站名称	测站说明	所辖截面（测点）	测试项目	检测系统名称	组成仪器名称	精度
JYCZ-1	静态应变测站	A-A截面 B-B截面 C-C截面	应变测试	HY65数码位移静态应变计监测系统	HY65数码应变计	0.1με
					RS-485串行通信口	
					RS-232/485变换装置	
JNCZ-2	静态挠度测站	A-A截面 B-B截面 C-C截面	挠度测试	HY65数码位移静态位移计监测系统	HY65数码位移计	0.001mm
					RS-485串行通信口	
					RS-232/485变换装置	

② 检测框图：

本桥静载试验检测系统仪器主要构成如图2-16、图2-17所示。

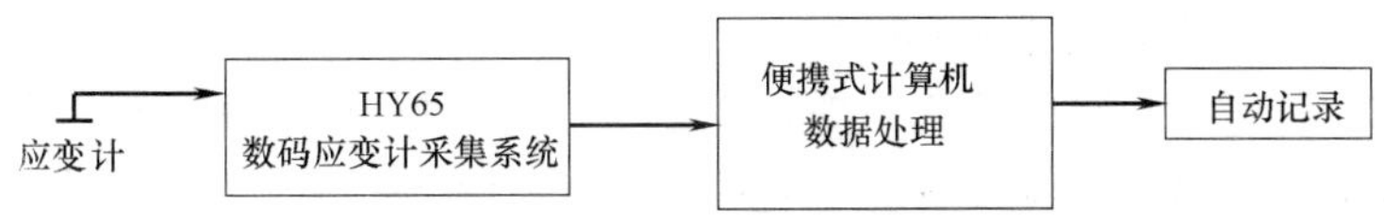

图2-16　HY65数码应变计测试系统框图

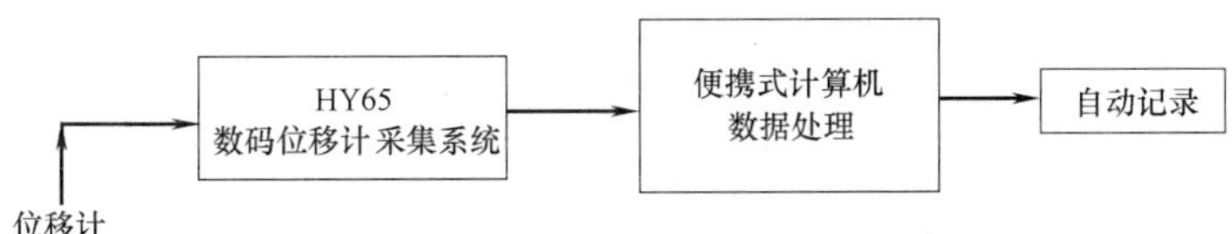

图2-17　HY65数码位移测试系统框图

(4) 检测位置传感器

试验跨各测点上传感器编号见表2-11。

验跨各测试截面传感器号一览表　　　　表2-11

试验桥跨	试验跨A-A测试截面		试验跨B-B测试截面		试验跨C-C测试截面	
主梁编号（自东向西）	位移传感器号	应变传感器号	位移传感器号	应变传感器号	测点编号	应变传感器号
1	49EEB659	4A31BC11	48925687	4B0B9E7E	2号梁-0°	4B0BB316
2	49F6A5F2	49C9EDD1	4C0465D1	4B0C8865	2号梁-45°	4B0B79E7
		47A1964F		47CCB3EE	2号梁-90°	4B0B99C1
3	49EEB414	4A3711F7	48659117	4A60340C	4号梁-0°	4B0B8BE2
4	49EE787A	47A26A3D	4892CF7A	47A03B42	4号梁-45°	4B0B924B
		47A19BBD		48F6C0C4	4号梁-90°	4B0B85E3
5	49EE6B10	49518E86	49F90635	48F69F45	6号梁-0°	4B0C7ACB

续表

试验桥跨	试验跨 A-A 测试截面		试验跨 B-B 测试截面		试验跨 C-C 测试截面	
主梁编号（自东向西）	位移传感器号	应变传感器号	位移传感器号	应变传感器号	测点编号	应变传感器号
6	48BF7DBA	48F6B0CD	49FE353C	49090482	6 号梁-45°	4B0BAA64
		48F6DDAF		48F5E2D2	6 号梁-90°	4B0B7661
7	49EE903E	4A6030DA	49EEADAA	47A2C152		

4）静载结构分析及试验加载

（1）试验荷载及试验加载车辆

由实桥静载试验的目的，并根据《公路旧桥承载能力鉴定方法（试行）》中的规定，静力试验荷载的效率系数 η 的取值范围见式（2-1），η 的计算方法见式 2-2：

$$1.05 \geqslant \eta \geqslant 0.8 \tag{2-1}$$

$$\eta = S_{stat} / [S \times (1+\mu)] \tag{2-2}$$

式中 S_{stat}——静载试验荷载作用下控制截面内力计算值；

S——控制荷载作用下控制截面最不利内力计算值；

$1+\mu$—— 按规范采用的冲击系数。

对于本桥而言，设计荷载为汽车-超 20，按业主要求为了检验该桥在公路-I 级下的承载力状况，因此本次试验按公路-I 级荷载计算控制内力。计算时采用 Midas Civil 2006 建立试验跨有限元计算模型，如图 2-18 所示。

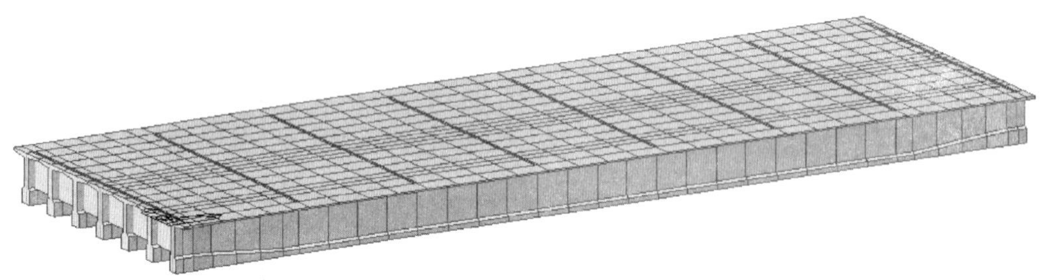

图 2-18 试验跨有限元计算模型

根据等效荷载的原则，本次荷载试验选取汽车作为试验荷载。经过计算确定，在公路-I 级的控制荷载等级下，采用 4 辆 40t 载重汽车进行加载，可以满足加载效率的要求，保证试验的有效性。因此本次试验采用 4 辆 40t 载重汽车作为试验荷载，并在试验前对每辆加载车称重，记录下各辆车的实际轴重、总重、轮间距和轴间距。各车有关参数见表 2-12。

（2）试验工况和车辆加载

试验工况：

与测试内容对应，试验跨 3 个测试截面，每个测试截面分别考虑正载和偏载两种加载方式，因此全桥试验跨静载试验分为六种试验工况。同时，为保证试验过程中桥梁的安全，将每个工况又分为三级加载，控制主梁的变形。根据各测试截面影响线可确定各工况中汽车荷载的位置如下：

试验用车辆参数表　　表 2-12

编号	车牌号	重量(t)				轴间距(m)	
		前轴重	中轴重	后轴重	总重	前—中	中—后
SYC01	豫 A. D 8306	8. 06	15. 52	15. 52	39. 10	3. 5	1. 3
SYC02	豫 A. D7906	8. 04	15. 54	15. 54	39. 12	3. 5	1. 3
SYC03	豫 A. H1011	8. 48	16. 30	16. 30	41. 08	3. 5	1. 3
SYC04	豫 A. C 1125	8. 98	16. 14	16. 14	41. 26	3. 5	1. 3

工况 1：纵桥向按 *A-A* 截面正弯矩最不利布载，横桥向对称布载（车载位置平面布置图见图 2-19）；

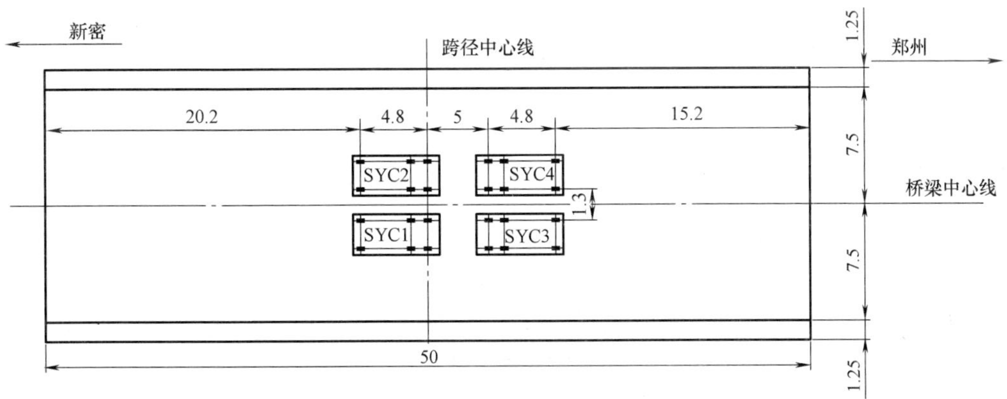

图 2-19　*A* 截面正弯矩正载加载图（图中尺寸单位：m）

工况 2：纵桥向按 *A-A* 截面正弯矩最不利布载，横桥向偏载布载（车载位置平面布置图见图 2-20）；

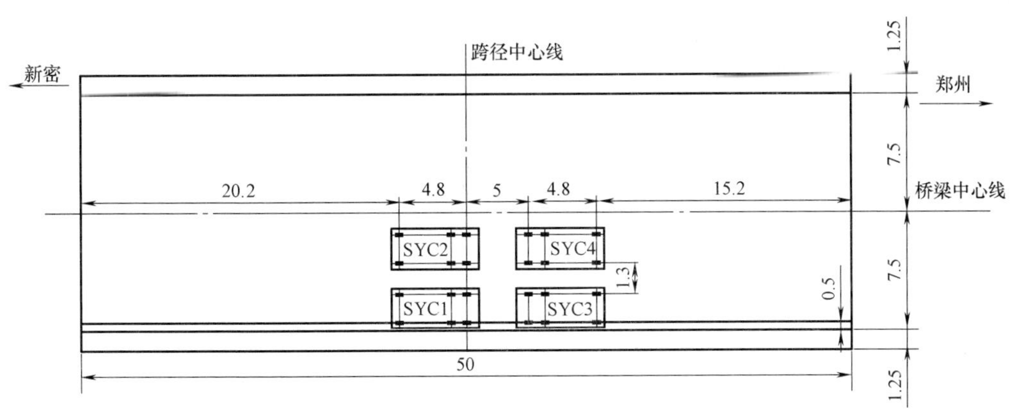

图 2-20　*A* 截面正弯矩偏载加载图（图中尺寸单位：m）

工况 3：纵桥向按 *B-B* 截面正弯矩最不利布载，横桥向对称布载（车载位置平面布置图见图 2-21）；

工况 4：纵桥向按 *B-B* 截面正弯矩最不利布载，横桥向偏南侧布载（车载位置平面布置图见图 2-22）；

工况5：纵桥向按 *C-C* 截面剪力最不利布载，横桥向对称布载（车载位置平面布置图见图2-23）；

工况6：纵桥向按 *C-C* 截面剪力最不利布载，横桥向偏南侧布载（车载位置平面布置图见图2-24）；

车辆加载图：

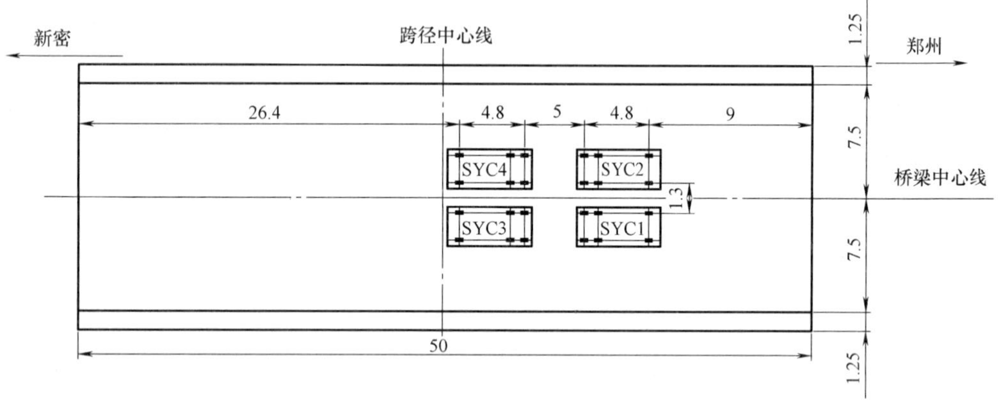

图2-21　*B* 截面正弯矩正载加载图（图中尺寸单位：m）

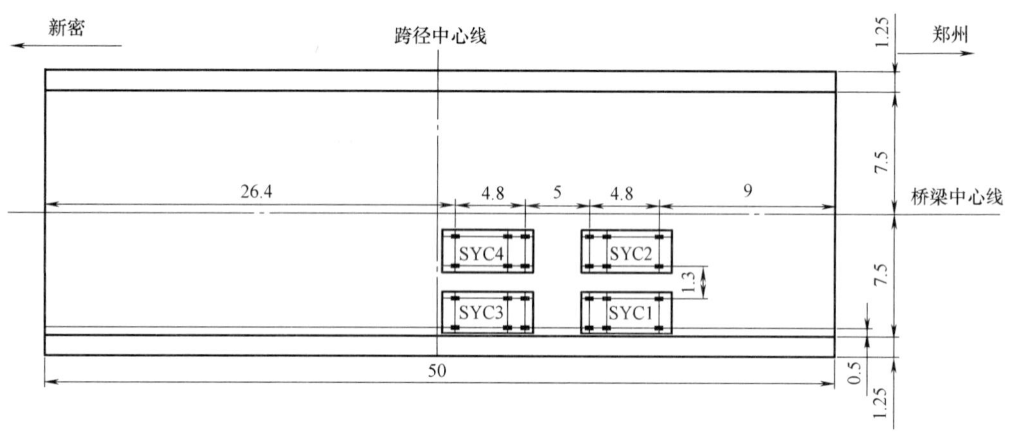

图2-22　*B* 截面正弯矩载加载图（图中尺寸单位：m）

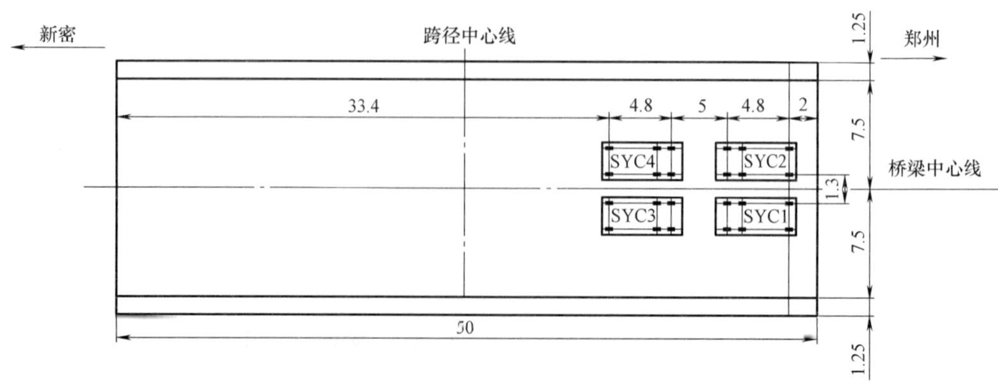

图2-23　*C* 截面最大剪力正载加载图（图中尺寸单位：m）

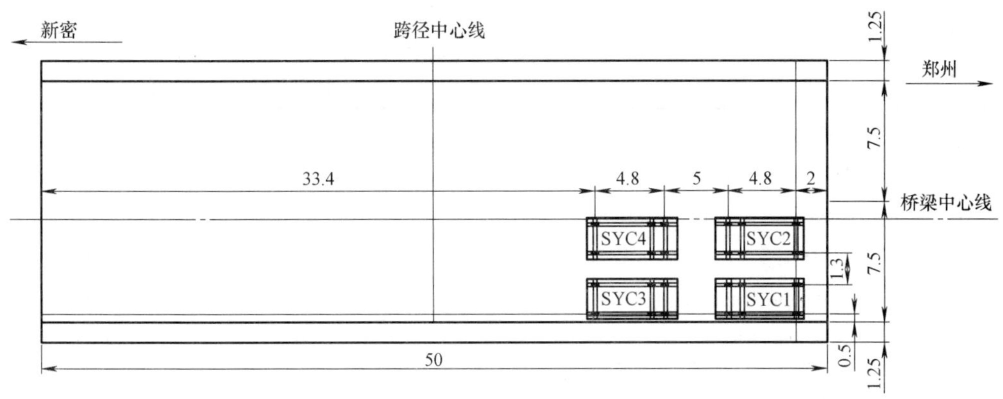

图 2-24　C 截面最大剪力偏载加载图（图中尺寸单位：m）

测试跨荷载试验具体的加载工况见表 2-13。

静载试验现场测试加载工况表　　　　**表 2-13**

编号	工况名称	分级说明	车辆布置说明
GK01	*A* 截面正弯矩正载	二列一排二车	SYC1、SYC2
		二列二排三车	SYC1、SYC2、SYC3
		二列二排四车	SYC1、SYC2、SYC3、SYC4
GK02	*A* 截面正弯矩偏载	二列一排二车	SYC1、SYC2
		二列二排三车	SYC1、SYC2、SYC3
		二列二排四车	SYC1、SYC2、SYC3、SYC4
GK03	*B* 截面正弯矩正载	二列一排二车	SYC1、SYC2
		二列二排三车	SYC1、SYC2、SYC3
		二列二排四车	SYC1、SYC2、SYC3、SYC4
GK04	*B* 截面正弯矩偏载	二列一排二车	SYC1、SYC2
		二列二排三车	SYC1、SYC2、SYC3
		二列二排四车	SYC1、SYC2、SYC3、SYC4
GK05	*C* 截面最大剪力正载	二列一排二车	SYC1、SYC2
		二列二排三车	SYC1、SYC2、SYC3
		二列二排四车	SYC1、SYC2、SYC3、SYC4
GK06	*C* 截面最大剪力偏载	二列一排二车	SYC1、SYC2
		二列二排三车	SYC1、SYC2、SYC3
		二列二排四车	SYC1、SYC2、SYC3、SYC4

上述各工况中试验荷载对测试截面产生的荷载效应和控制荷载效应的最大值汇总见表 2-14。

由表 2-14 可见，试验跨测试截面在试验荷载下的弯矩效应值均达到了设计荷载效应的 90% 以上，完全符合《公路旧桥承载能力鉴定方法（试行）》中 0.8 ~ 1.05 的规定，这就保证了试验的有效性。

试验荷载效应与控制荷载效应的对比表 **表 2-14**

工况	项目	试验荷载下的计算值①	控制荷载的最不利值②	荷载效率 η = ①/②
GK1	*A* 截面正弯矩正载(kN·m)	2370.5	2443.3	0.97
GK2	*A* 截面正弯矩偏载(kN·m)	4971.5	5124.1	0.97
GK3	*B* 截面正弯矩正载(kN·m)	1817.3	1832.5	0.99
GK4	*B* 截面正弯矩偏载(kN·m)	3811.3	3843.1	0.99
GK5	*C* 截面剪力正载(kN)	556.9	622	0.90
GK6	*C* 截面剪力偏载(kN)	599.1	669.1	0.90

（3）试验程序

现场测试按预定的试验顺序进行，各测试项目具体编号如下：

$YCS_1 \sim YCS_{10}$：试验跨 *A-A* 截面静载应力测试；

$YCS_{11} \sim YCS_{20}$：试验跨 *B-B* 截面静载应力测试；

$YCS_{21} \sim YCS_{29}$：试验跨 *C-C* 截面静载应力测试；

$NCS_1 \sim NCS_7$：试验跨 *A-A* 截面静载挠度测试；

$NCS_8 \sim NCS_{14}$：试验跨 *B-B* 截面静载挠度测试；

试验时，荷载试验程序及所对应的测试项目见表 2-15。

静载试验程序及测试项目表 **表 2-15**

试验序号	试验程序	测试项目
A	GK01	$YCS_1 \sim YCS_{10}$;$NCS_1 \sim NCS_7$
B	GK02	$YCS_1 \sim YCS_{10}$;$NCS_1 \sim NCS_7$
C	GK03	$YCS_{11} \sim YCS_{20}$;$NCS_8 \sim NCS_{14}$
D	GK04	$YCS_{11} \sim YCS_{20}$;$NCS_8 \sim NCS_{14}$
E	GK05	$YCS_{21} \sim YCS_{29}$
F	GK06	$YCS_{21} \sim YCS_{29}$

5）静载试验结果

静载试验进行测试的项目主要包括裂缝观测、挠度测试、应变（应力）测试等，其相应测试结果如下所述。

（1）裂缝观测结果

在正式荷载试验前、加载过程中和试验停止后对试验跨 *L*/2 及 *L*/4 截面附近进行了裂缝检查，经检查，试验过程中和试验停止后未发现有新裂缝产生。

（2）挠度测试结果

各肋挠度测点在相应加载工况下各测点挠度测试值汇总后成果见表 2-16 ~ 表 2-19。

① 位移（挠度）测试结果（单位：mm）及挠度校验系数见表 2-16 ~ 表 2-19，表中挠度符号定义：下挠为正（+），上拱为负（-）。试验跨各梁挠度测点编号由

东侧至西侧为 1 号梁至 7 号梁，下同。

② 为反映位移的横向分布情况，验证各主梁的横向连接性能，作出相应工况试验荷载作用下，试验跨 *A-A* 截面和 *B-B* 截面横桥向挠度分布图（见图 2-25 ~ 图 2-28）。

③ 根据 *A-A* 截面和 *B-B* 截面横向各肋的实测挠度值，推算试验荷载下的实测横向分布系数，并与理论横向分布系数相比较（见表 2-20 ~ 表 2-21、图 2-29 ~ 图 2-32），验证桥梁的横向整体受力状况。

试验跨 *A-A* 截面工况 1 挠度测试结果表 **表 2-16**

梁号	第一级试验值（mm）	第二级试验值（mm）	第三级试验值（mm）	理论值（mm）	校验系数	卸载（mm）	残余比（%）
1	4.464	5.295	8.15	18.014	0.45	0.167	2.05
2	5.716	7.756	11.34	18.561	0.61	0.092	0.81
3	7.252	10.525	14.771	19.134	0.77	0.112	0.76
4	7.375	11.708	15.676	19.379	0.81	0.08	0.51
5	6.936	11.332	14.571	19.134	0.76	0.117	0.80
6	5.405	9.276	11.367	18.561	0.61	0.12	1.06
7	4.073	7.33	8.317	18.014	0.46	0.121	1.45

试验跨 *A-A* 截面工况 2 挠度测试结果表 **表 2-17**

梁号	第一级试验值（mm）	第二级试验值（mm）	第三级试验值（mm）	理论值（mm）	校验系数	卸载（mm）	残余比（%）
1	-0.691	-1.678	-1.12	2.901	/	0.03	-2.68
2	1.467	1.67	3.099	8.191	0.38	0.012	0.39
3	3.72	5.338	7.797	13.532	0.58	0.069	0.88
4	5.637	8.876	12.098	18.944	0.64	0.17	1.41
5	8.331	12.741	16.73	24.244	0.69	0.042	0.25
6	10.888	17.442	21.922	29.207	0.75	0.126	0.57
7	12.762	20.935	25.638	33.932	0.76	0.183	0.71

试验跨 *B-B* 截面工况 3 挠度测试结果表 **表 2-18**

梁号	第一级试验值（mm）	第二级试验值（mm）	第三级试验值（mm）	理论值（mm）	校验系数	卸载（mm）	残余比（%）
1	2.146	2.594	4.64	9.194	0.50	0.123	2.65
2	2.747	4.005	6.453	9.652	0.67	0.139	2.15
3	3.519	5.62	8.487	10.114	0.84	0.226	2.66
4	3.435	6.17	9.026	10.284	0.88	0.151	1.67
5	3.394	6.186	8.526	10.020	0.85	0.103	1.21
6	2.669	5.457	7.017	9.482	0.74	0.025	0.36
7	2.147	4.721	5.545	8.951	0.62	0.006	0.11

试验跨 *B-B* 截面工况 4 挠度测试结果表　　表 2-19

梁号	第一级试验值 (mm)	第二级试验值 (mm)	第三级试验值 (mm)	理论值 (mm)	校验系数	卸载 (mm)	残余比 (%)
1	-0.241	-1.11	-0.731	1.416	/	0.003	-0.41
2	0.749	0.805	1.819	4.298	0.42	0.116	6.38
3	1.747	2.784	4.555	7.230	0.63	0.126	2.77
4	2.823	4.876	7.269	10.209	0.71	0.133	1.83
5	3.93	7.165	10.22	13.082	0.78	0.141	1.38
6	5.149	9.701	13.02	15.691	0.83	0.186	1.43
7	5.995	11.725	15.286	18.113	0.84	0.18	1.18

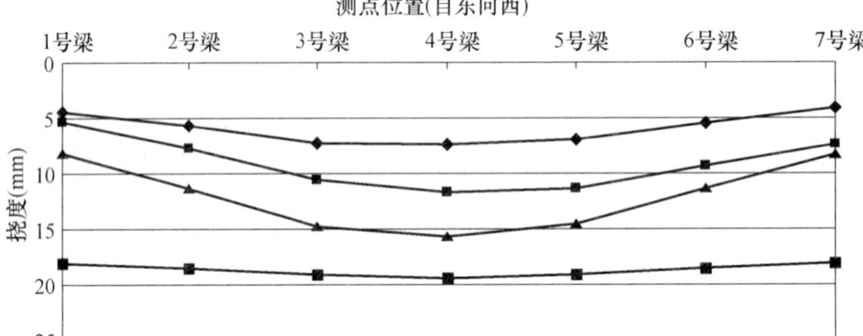

图 2-25　试验跨 *A-A* 截面工况 1 荷载作用下 1 号 ~7 号梁挠度分布图

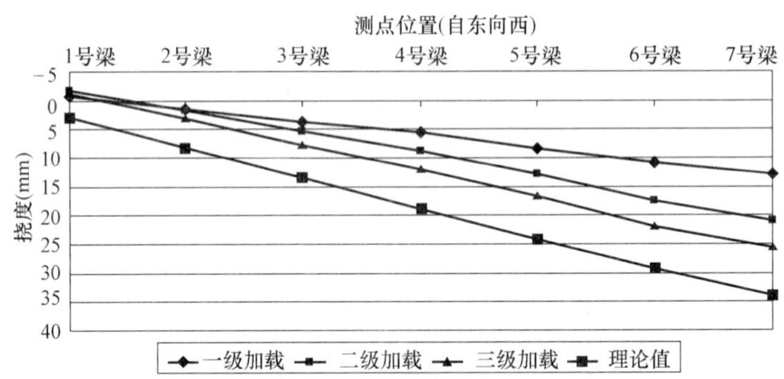

图 2-26　试验跨 *A-A* 截面工况 2 荷载作用下 1 号 ~7 号梁挠度分布图

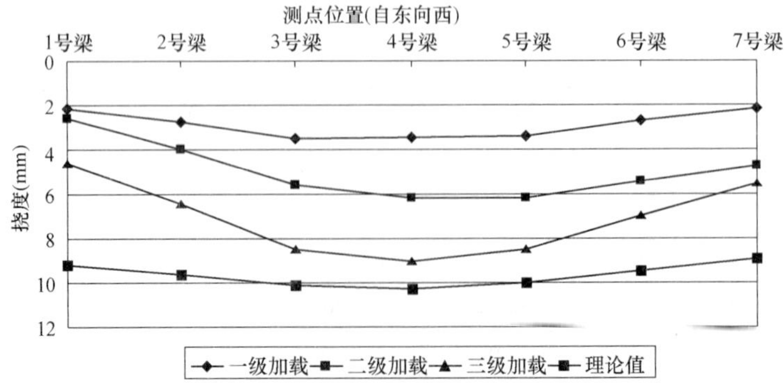

图 2-27　试验跨 *B-B* 截面工况 3 荷载作用下 1 号 ~7 号梁挠度分布图

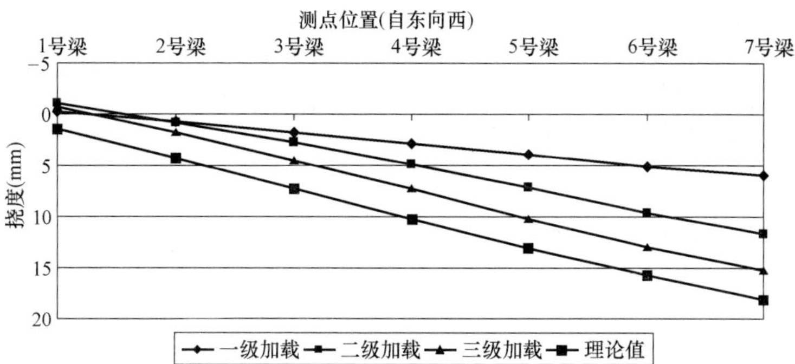

图 2-28　试验跨 *B-B* 截面工况 4 荷载作用下 1 号 ~7 号梁挠度分布图

试验跨 *A-A* 截面对应工况荷载作用下实测与理论横向分布系数比较表　表 2-20

梁号	试验联 *A* 截面工况 1 横向分布系数			试验联 *A* 截面工况 2 横向分布系数		
	实测	理论	实测/理论	实测	理论	实测/理论
1	0. 097	0. 138	0. 703	-0. 013	0. 022	/
2	0. 135	0. 142	0. 949	0. 036	0. 063	0. 575
3	0. 175	0. 146	1. 199	0. 090	0. 103	0. 876
4	0. 186	0. 148	1. 257	0. 140	0. 145	0. 971
5	0. 173	0. 146	1. 183	0. 194	0. 185	1. 049
6	0. 135	0. 142	0. 951	0. 254	0. 223	1. 141
7	0. 099	0. 138	0. 717	0. 298	0. 259	1. 148

试验跨 *B-B* 截面对应工况荷载作用下实测与理论横向分布系数比较表　表 2-21

梁号	试验联 *B* 截面工况 3 横向分布系数			试验联 *B* 截面工况 4 横向分布系数		
	实测	理论	实测/理论	实测	理论	实测/理论
1	0. 093	0. 136	0. 688	-0. 014	0. 020	/
2	0. 130	0. 143	0. 911	0. 035	0. 061	0. 576
3	0. 171	0. 149	1. 143	0. 089	0. 103	0. 858
4	0. 182	0. 152	1. 196	0. 141	0. 146	0. 970
5	0. 172	0. 148	1. 159	0. 199	0. 187	1. 064
6	0. 141	0. 140	1. 008	0. 253	0. 224	1. 130
7	0. 112	0. 132	0. 844	0. 297	0. 259	1. 149

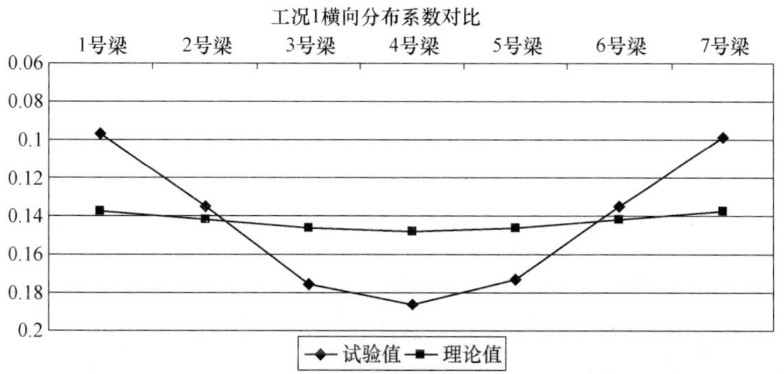

图 2-29　试验跨 *A-A* 截面工况 1 荷载作用下各梁横向分布系数图

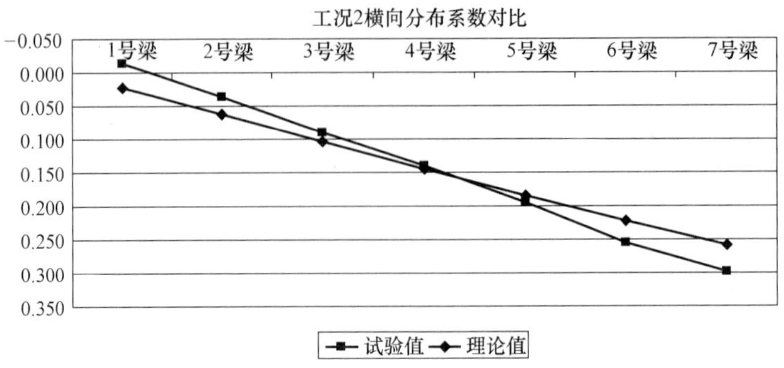

图 2-30　试验跨 *A-A* 截面工况 2 荷载作用下各梁横向分布系数图

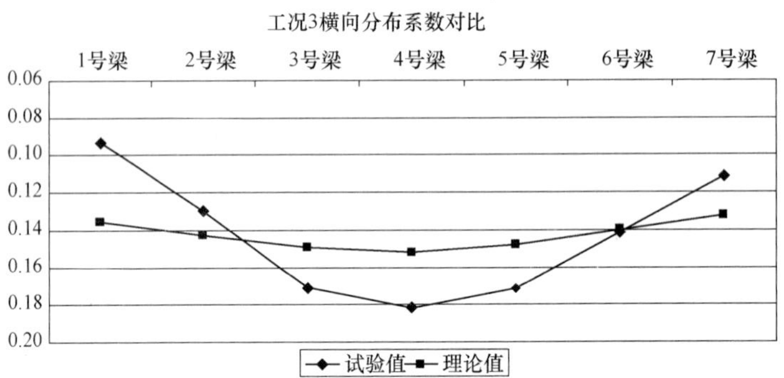

图 2-31　试验跨 *B-B* 截面工况 3 荷载作用下各梁横向分布系数图

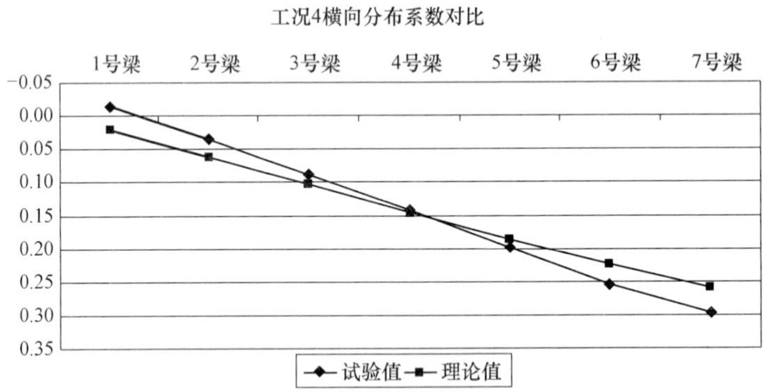

图 2-32　试验跨 *B-B* 截面工况 4 荷载作用下各梁横向分布系数图

（3）应变测试结果

① 测试跨 *A-A*、*B-B* 截面的应变测点在其相应加载工况下各测点应变测试值汇总处理后成果（单位：με）见表 2-22 ~ 表 2-25。表中，“ + ”表示拉应变，“-”表示压应变。试验跨各梁应变测点编号由东侧至西侧为 1 号梁至 7 号梁，下同。同时为反映应变测试的横向分布情况，作出测试跨各测试截面在相应加载工况试验荷载作用下的横桥向应变分布图（见图 2-33 ~ 图 2-36）。

试验跨 *A-A* 截面工况 1 应变测试结果表 表 2-22

梁号	第一级试验值（με）	第二级试验值（με）	第三级试验值（με）	理论值（με）	校验系数	卸载（με）	残余比（%）
1	36.1	46	70.3	120.6	0.58	2.4	3.41
2	47.3	63.1	75.9	130.7	0.58	2.8	3.69
3	73.5	113.3	144.3	148.4	0.97	7.9	5.47
4	113.4	178.6	233.3	155.4	1.50	5.3	2.27
5	78.2	133	175.2	148.4	1.18	6.4	3.65
6	64.6	125.7	156.4	130.7	1.20	5.8	3.71
7	28.2	57.9	64.4	120.6	0.53	1.8	2.80

试验跨 *A-A* 截面工况 2 应变测试结果表 表 2-23

梁号	第一级试验值（με）	第二级试验值（με）	第三级试验值（με）	理论值（με）	校验系数	卸载（με）	残余比（%）
1	-7.9	-22.3	-17.4	19.8	/	-1.4	8.05
2	7.8	6	14.6	58.8	0.25	-1	-6.85
3	27.8	38.1	54.5	98.8	0.55	-2.9	-5.32
4	64.2	100.8	140.3	146.1	0.96	-8.9	-6.34
5	125.6	182.7	257.8	190.4	1.35	-7.6	-2.95
6	183.2	284.6	355.3	221.4	1.60	-6.8	-1.91
7	128.1	224.8	280.4	240.0	1.17	-1.9	-0.68

试验跨 *B-B* 截面工况 3 应变测试结果表 表 2-24

梁号	第一级试验值（με）	第二级试验值（με）	第三级试验值（με）	理论值（με）	校验系数	卸载（με）	残余比（%）
1	13.1	16.7	43.5	77.3	0.56	1.4	3.22
2	21.6	30.2	57.6	87.4	0.66	1.8	3.13
3	17.5	27.7	46.5	98.1	0.47	2.1	4.52
4	54.1	71	96.6	102.6	0.94	6.3	6.52
5	40.9	54.8	75.1	97.1	0.77	6.7	8.92
6	26.1	46.4	61.1	85.7	0.71	1.1	1.80
7	16.9	34.6	47.2	75.0	0.63	3.1	6.57

试验跨 *B-B* 截面工况 4 应变测试结果表 表 2-25

梁号	第一级试验值（με）	第二级试验值（με）	第三级试验值（με）	理论值（με）	校验系数	卸载（με）	残余比（%）
1	0.3	-9.3	-11.6	8.6	/	0.5	-4.31
2	8.6	8.2	10.5	35.6	0.30	1.1	10.48
3	11.7	12.6	17.2	62.9	0.27	1.6	9.30

续表

梁号	第一级试验值（με）	第二级试验值（με）	第三级试验值（με）	理论值（με）	校验系数	卸载（με）	残余比（%）
4	34. 5	48. 3	56. 2	89. 6	0. 63	4. 8	8. 54
5	54. 2	74. 6	81. 7	114. 0	0. 72	5. 7	6. 98
6	62. 7	90. 1	104	136. 0	0. 76	4. 1	3. 94
7	65. 8	106. 4	127. 5	156. 3	0. 82	4. 3	3. 37

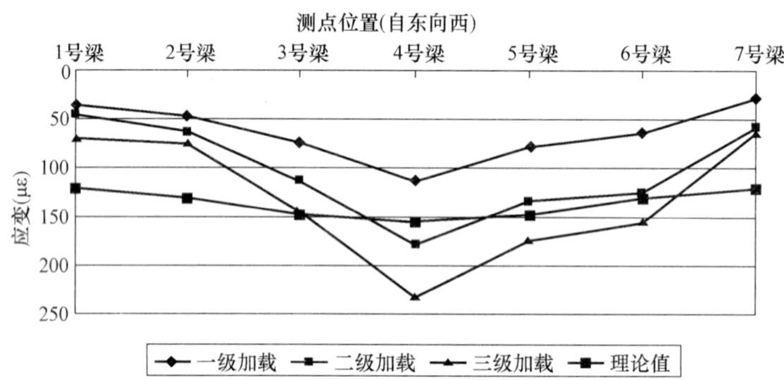

图 2-33　试验跨 *A-A* 截面工况 1 荷载作用下 1 号 ~7 号梁应变分布图

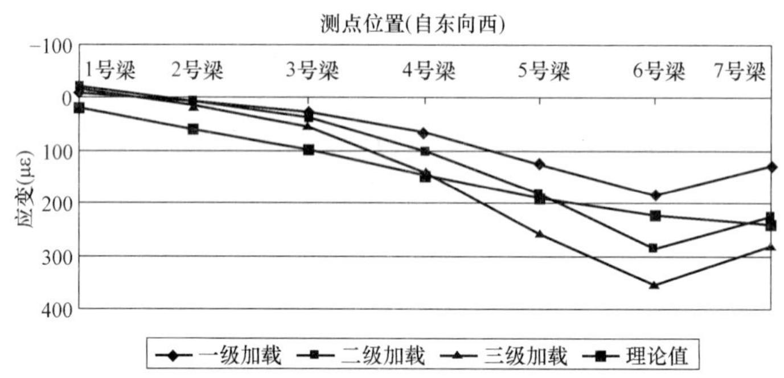

图 2-34　试验跨 *A-A* 截面工况 2 荷载作用下 1 号 ~7 号梁应变分布图

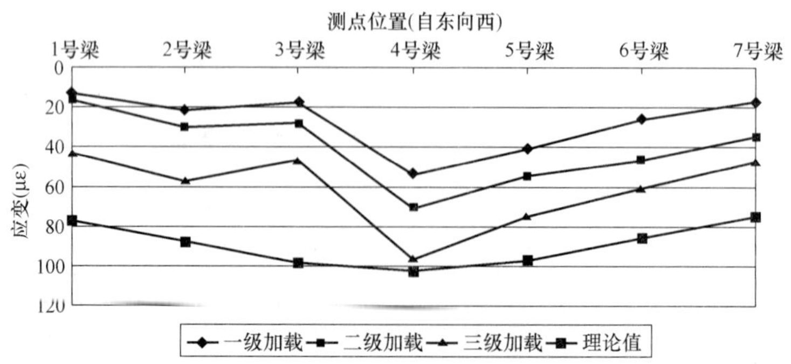

图 2-35　试验跨 *B-B* 截面工况 3 荷载作用下 1 号 ~7 号梁应变分布图

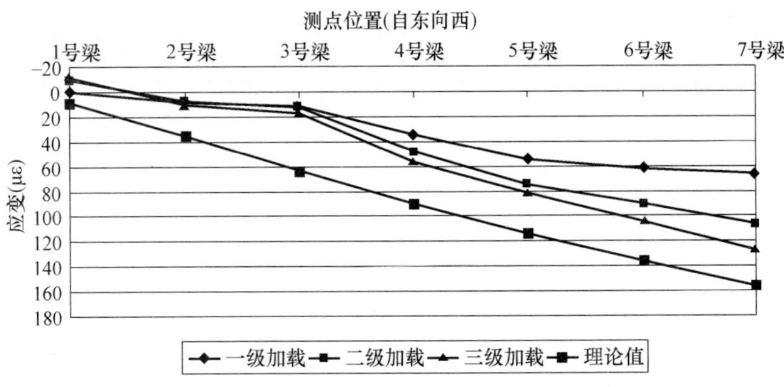

图 2-36　试验跨 *B-B* 截面工况 4 荷载作用下 1 号 ~ 7 号梁应变分布图

② 测试跨 *C-C* 截面的应变测点在其相应加载工况下各测点应变测试值汇总处理后成果（单位：με）见表 2-26 ~ 表 2-27。表中，“+”表示拉应变，“-”表示压应变。同时在表 2-28 ~ 表 2-29 中给出了 *C-C* 截面的主应力分析表，并与理论值进行对比。

③ 在表 2-30 中给出了 *L*/2 截面在工况 1、工况 2 下，*L*/4 截面在工况 3、工况 4 下，2 号、4 号、6 号主梁中性轴的测试结果，为了便于分析在图 2-37 ~ 图 2-38 中绘出了相应工况下应变沿梁高的分布，并据此推算出中性轴高度，即中性轴到梁底的距离。

试验跨 *C-C* 截面工况 5 应变测试结果表　　　**表 2-26**

测点位置		一级试验值	二级试验值	三级试验值	卸载
2 号梁	竖向	0.7	0.8	0.9	0.5
	45°斜向	-3.6	-7.4	-11.5	1
	水平向	4.5	5.6	7.7	0.4
4 号梁	竖向	3.6	4.2	5.6	0.3
	45°斜向	-5.1	-8.4	-12.2	-0.7
	水平向	7.5	8.8	10.7	0.8
6 号梁	竖向	16.7	17.6	21.8	1.3
	45°斜向	10	11.3	12.2	1.2
	水平向	15.1	17.9	19.2	0.3

试验跨 *C-C* 截面工况 6 应变测试结果表　　　**表 2-27**

测点位置		一级试验值	二级试验值	三级试验值	卸载
2 号梁	竖向	-1	-1.9	-2.8	0.7
	45°斜向	-4.3	-5.3	-6.9	0.7
	水平向	-0.2	4.5	6.6	0.5
4 号梁	竖向	-4.7	-6.2	-8.8	-1.2
	45°斜向	-8.3	-16.5	-23.9	1.1
	水平向	0.3	0.8	1.0	0.1

续表

测点位置		一级试验值	二级试验值	三级试验值	卸载
6号梁	竖向	-2.1	-3.4	-4.5	-0.1
	45°斜向	-12.9	-18.4	-29.5	-1.3
	水平向	3.6	3.8	4.0	-0.6

工况5下*C-C*截面主应力对比表 **表2-28**

测点位置	第一主应力(MPa)		第二主应力(MPa)		剪应力(MPa)		主应力方向角(°)	
	试验值	理论值	试验值	理论值	试验值	理论值	试验值	理论值
2号梁	0.619	0.854	-0.310	-0.721	0.465	0.388	38.9	40.1
4号梁	0.883	1.566	-0.297	-1.558	0.590	0.781	41.4	44.9
6号梁	0.978	0.838	-0.495	-0.705	0.242	0.380	40.5	40.0

工况6下*C-C*截面主应力对比表 **表2-29**

测点位置	第一主应力(MPa)		第二主应力(MPa)		剪应力(MPa)		主应力方向角(°)	
	试验值	理论值	试验值	理论值	试验值	理论值	试验值	理论值
2号梁	0.355	0.359	-0.219	-0.286	0.287	0.157	30.9	38.4
4号梁	0.452	1.155	-0.732	-1.078	0.592	0.557	38.1	43.0
6号梁	0.841	1.755	-0.859	-1.596	0.850	0.834	40.9	42.3

各工况下中性轴应变测试结果 **表2-30**

荷载工况	荷载等级	2号梁应变(με)		4号梁应变(με)		6号梁应变(με)	
		底部	顶部	底部	顶部	底部	顶部
工况1	第一级	47.3	3.5	113.4	7	64.6	-4
	第二级	63.1	6.8	178.6	13.6	125.7	-3.4
	第三级	75.9	6	233.3	11.9	156.4	-4.5
工况2	第一级	7.8	-0.2	64.2	-5.4	183.2	-2.5
	第二级	6	-2.7	100.8	-12.9	284.6	-7
	第三级	14.6	-7.6	140.3	-17	355.3	-9.9
工况3	第一级	21.6	-12	54.1	-5.9	26.1	-6.7
	第二级	30.2	-16.9	71	-10.2	46.4	-14.2
	第三级	57.6	-19.2	96.6	-9.3	61.1	-10.2
工况4	第一级	8.6	4	34.5	0.7	62.7	-9.7
	第二级	8.2	4.4	48.3	-0.9	90.1	-16.5
	第三级	10.5	0.1	56.2	-9.9	104	-28

6）静载数据分析

（1）裂缝测试结果分析

在正式荷载试验前、加载过程中和试验停止后对试验跨 $L/2$ 及 $L/4$ 截面附近进行了裂缝检查，经检查，试验过程中和试验停止后未发现有新裂缝产生。裂缝观测结果表明：荷载试验对结构是安全的，试验跨结构抗裂性能满足规范要求。

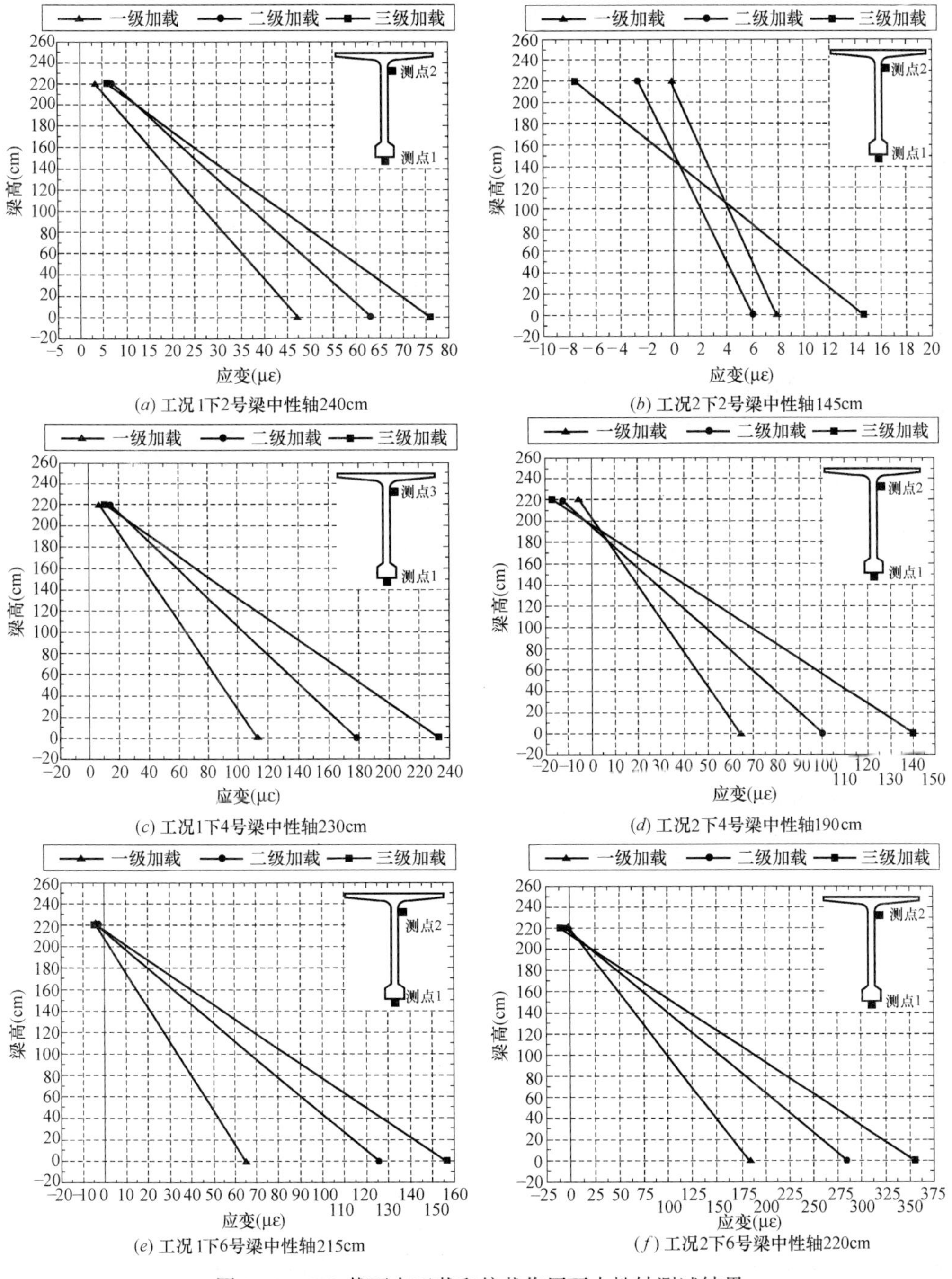

(*a*) 工况1下2号梁中性轴240cm

(*b*) 工况2下2号梁中性轴145cm

(*c*) 工况1下4号梁中性轴230cm

(*d*) 工况2下4号梁中性轴190cm

(*e*) 工况1下6号梁中性轴215cm

(*f*) 工况2下6号梁中性轴220cm

图 2-37　$L/2$ 截面在正载和偏载作用下中性轴测试结果

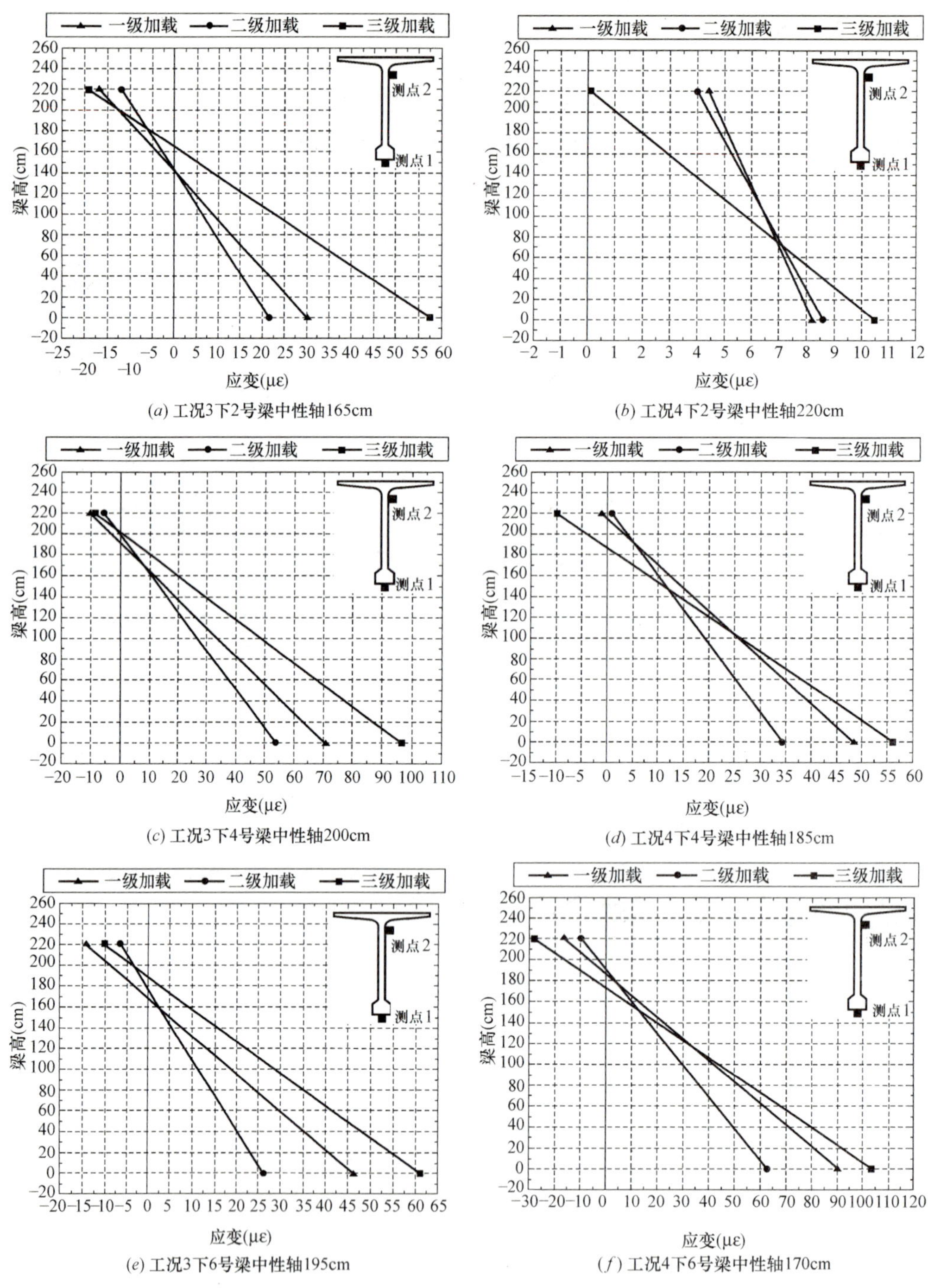

图 2-38　$L/4$ 截面在正载和偏载作用下中性轴测试结果

（2）挠度测试结果分析

① 由表 2-16 ~ 表 2-19、图 2-25 ~ 图 2-28 分析可知：

在工况 1 荷载作用下，对应跨中测试截面各测点的挠度校验系数在 0.45 ~ 0.81 之间分布，有较大的离散性，轮载作用位置附近的主梁校验系数值较大，距轮载位置较远处的边肋校验系数较小，则表示横向传递到的实际荷载小于理论计算值，说明各主梁间的横向连接较差；最大挠度校验系数为 4 号测点的 0.81，最小挠度校验系数为 1 号测点的 0.45；跨中截面最大实测挠度为 4 号测点的 15.676mm，小于理论值 19.379mm，说明桥梁实际刚度较大；从图 2-25 可直观得看出，挠度测试值变化曲线规律与理论值基本吻合，但轮载作用位置附近主梁测点的挠度值较大，轮作用位置稍远处的测点的挠度值较小，这也说明主梁之间的横向联系弱；在工况 1 荷载作用下各肋测点的残余比较小，最大值为 1 号测点的 2.05%，小于规范不大于 20% 的规定；分析结果表明：该试验跨跨中截面在试验荷载作用下仍处于弹性工作状态，刚度满足公路- Ⅰ级荷载正常使用要求，但各主梁间的横向连接较弱，横向整体性不好。

在工况 2 荷载作用下，对应跨中测试截面各测点的挠度校验系数在 0.38 ~ 0.76 之间分布，有较大的离散性，轮载作用位置附近的主梁校验系数值较大，距轮载位置较远处的边肋校验系数较小，特别是 1 号梁在试验时出现向上的位移，这说明在偏载作用下 1 号梁基本不参与竖向受力；最大挠度校验系数为 7 号测点的 0.76，最小挠度校验系数为 2 号测点的 0.38；跨中截面最大实测挠度为 7 号测点的 25.638mm，小于理论值 33.932mm，说明桥梁实际刚度较大；从图 2-26 可直观得看出，挠度测试值变化曲线规律与理论值基本吻合，但轮载作用位置附近主梁测点的挠度值较大，轮作用位置稍远处的测点的挠度值较小，这也说明主梁之间的横向联系弱；在工况 2 荷载作用下各肋测点的残余比较小，最大值为 1 号测点的 2.68%，小于规范不大于 20% 的规定；分析结果表明：该试验跨跨中截面在试验荷载作用下仍处于弹性工作状态，刚度满足公路- Ⅰ级荷载正常使用要求，但各主梁间的横向连接较弱，横向整体性不好。

在工况 3 荷载作用下，对应跨中测试截面各测点的挠度校验系数在 0.5 ~ 0.88 之间分布，有较大的离散性，轮载作用位置附近的主梁校验系数值较大，距轮载位置较远处的边肋校验系数较小，则表示横向传递到的实际荷载小于理论计算值，说明各主梁间的横向连接较差；最大挠度校验系数为 4 号测点的 0.88，最小挠度校验系数为 1 号测点的 0.5；跨中截面最大实测挠度为 4 号测点的 9.026mm，略小于理论值 10.284mm，说明桥梁实际刚度稍大；从图 2-27 可直观得看出，挠度测试值变化曲线规律与理论值基本吻合，但轮载作用位置附近主梁测点的挠度值较大，轮作用位置稍远处的测点的挠度值较小，这也说明主梁之间的横向联系弱；在工况 3 荷载作用下各肋测点的残余比较小，最大值为 3 号测点的 2.66%，小于规范不大于 20% 的规定；分析结果表明：该试验跨跨中截面在试验荷载作用下仍处于弹性工作状态，刚度满足公路- Ⅰ级荷载正常使用要求，但各主梁间的横向连接较弱，横向整体性不好。

在工况 4 荷载作用下，对应跨中测试截面各测点的挠度校验系数在 0.42 ~ 0.84 之间分布，有较大的离散性，轮载作用位置附近的主梁校验系数值较大，距轮载位置较远处的边肋校验系数较小，特别是 1 号梁在试验时出现向上的位移，这说明在偏载作用下 1 号梁基本不参与竖向受力；最大挠度校验系数为 7 号测点的 0.84，最小挠度校验系数为 2 号测点的 0.42；跨中截面最大实测挠度为 7 号测点的

15.286mm，小于理论值18.113mm，说明桥梁实际刚度较大；从图2-28可直观得看出，挠度测试值变化曲线规律与理论值基本吻合，但轮载作用位置附近主梁测点的挠度值较大，轮作用位置稍远处的测点的挠度值较小，这也说明主梁之间的横向联系弱；在工况4荷载作用下各肋测点的残余比较小，最大值为2号测点的6.38%，小于规范不大于20%的规定；分析结果表明：该试验跨跨中截面在试验荷载作用下仍处于弹性工作状态，刚度满足公路-Ⅰ级荷载正常使用要求，但各主梁间的横向连接较弱，横向整体性不好。

② 由表2-20～表2-21、图2-29～图2-32综合分析可知：

从图2-29～图2-32可以直观的看出，在各工况荷载作用下，实测横向分布系数与理论横向分布系数规律相似，但数值存在差异，轮载作用处主梁实测横向分布系数大，这也反映了试验桥跨横向各梁整体性不好。

因此，通过以上分析可知，试验跨各测试截面在相应工况荷载作用下均在弹性范围内工作，试验截面刚度仍能满足公路-Ⅰ级荷载正常使用要求，但结构横向整体性不好。综上所述，该桥横向连接较弱，试验桥跨主梁刚度能满足公路-Ⅰ级荷载正常使用要求，但安全储备较小。

（3）应变测试结果分析

由表2-22～表2-25、图2-33～图2-36分析可知：

在各工况试验荷载作用下，各测试截面横向各应变测点的校验系数值离散性较大，在工况1和工况2荷载作用下，跨中截面应力校验系数分别在0.58～1.5、0.25～1.6之间分布，跨中测试截面在轮载作用位置附近的主梁校验系数值大于1，距轮载位置较远处的肋校验系数较小，则表示横向传递到较远处主梁的实际荷载小于理论计算值，说明荷载的横向传递不好；其他工况校验系数值基本皆小于1，从图2-33～图2-34可直观得看出，实测应变分布规律与理论应变分布规律基本一致，但实测值在轮载作用处各测点超过理论值，说明桥梁强度不能满足公路-Ⅰ级荷载正常使用要求。在工况3和工况4荷载作用下，*L*/4截面应力校验系数分别在0.47～0.94、0.27～0.82之间分布，均小于1，从图2-35～图2-36可直观得看出，实测应变分布规律与理论应变分布规律基本一致。所有测点在卸载后都有较好的恢复；工况1荷载卸载后，相对残余最大值为3号测点的5.47%，工况2荷载卸载后，相对残余最大值为1号测点的8.05%，工况3荷载卸载后，相对残余最大值为5号测点的8.92%，工况4荷载卸载后，相对残余最大值为2号测点的10.48%，均小于规范不大于20%的规定，说明结构依然在弹性范围内工作。

由表2-26～表2-29分析可知：

在工况5、工况6下，*C*-*C*截面各主梁主应力及主应力方向角与理论值相吻合，但剪应力实测值大于理论值，特别在偏载工况下，这说明在桥梁支点截面附近抗剪强度不能满足公路-Ⅰ级荷载正常使用要求。

由表2-30、图2-37～图2-38分析可知：

总体上分析，除个别测点外，各梁实测中性轴高度不同程度大于单梁的理论中性轴高度，这说明桥面系混凝土铺装层参与受力；由此可见，在外力荷载作用下，桥面系参与受力，梁体实际工作时中性轴高度大于理论中性轴高度。

因此，通过以上应变分析可知，试验跨各测试截面在相应工况荷载作用下，轮载作用位置附近主梁的应变校验系数大于 1，这反映出桥跨整体横向连接性能不好，有单梁受力趋势；相对残余变形满足规范小于 20% 的要求，说明试验桥跨主梁依然在弹性范围内工作。综合评价该桥横向连接较弱，试验跨部分主梁有单梁受力趋势，在公路-I 级荷载正常使用要求下强度储备不足。

7）静力试验结论

该桥测试跨静力荷载试验的试验结果及分析表明：

（1）本次荷载试验各工况的荷载效率 η 值满足 $0.80 \leqslant \eta \leqslant 1.05$，满足基本静荷载试验要求；

（2）上部结构抗裂性能满足规范要求；

（3）该桥横向连接较弱，试验跨主梁刚度能满足公路-Ⅰ级荷载正常使用要求，但安全储备较小；

（4）该桥横向连接较弱，试验跨部分主梁有单梁受力趋势，在公路-Ⅰ级荷载正常使用要求下强度储备不足。

2. 动力荷载试验

1）动力荷载试验的内容

（1）测定桥梁结构的自振特性，包括结构的自振频率和阻尼比等。

（2）测定桥梁在动力荷载作用下的受迫振动特性，以评价桥梁的最大动力响应是否满足有关规范要求，同时根据结构的振动模型来分析结构有无较大缺陷。

2）动力分析与测点布置

（1）结构动力分析

按《桥规》4.3.2 条规定，简支梁桥的基频可采用式 2-3 估算：

$$f_1 = \frac{\pi}{2l^2}\sqrt{\frac{EI_c}{m_c}} \tag{2-3}$$

$$m_c = G/g \tag{2-4}$$

式中　l——结构的计算跨径（m）；

E——结构材料的弹性模量（N/m^2）；

I_c——结构跨中截面的截面惯性矩（m^4）；

m_c——结构跨中的单位长度质量（kg/m），当换算为重力计算时，其单位应为（Ns^2/m^2）；

G——结构跨中延米结构重力（N/m）；

g——重力加速度，$g = 9.81$（m/s^2）。

经计算 $f = 2.269$Hz。根据基频可计算出汽车荷载的冲击系数为：

$$\mu = 0.1767\ln f - 0.0157 = 0.129。$$

（2）测点布置

结构动力测试的测点布置与试验所考察的主要振型有关，响应测点应尽可能避开各阶模态的节点。全桥共用加速度传感器 3 个，全部为 V 向，分别布置在试验跨

的 $L/4$、$L/2$、$3L/4$ 桥面一侧（自北向南方向依次编号为1～3）。桥梁动挠度测试的测点布置在试验桥跨的跨中。

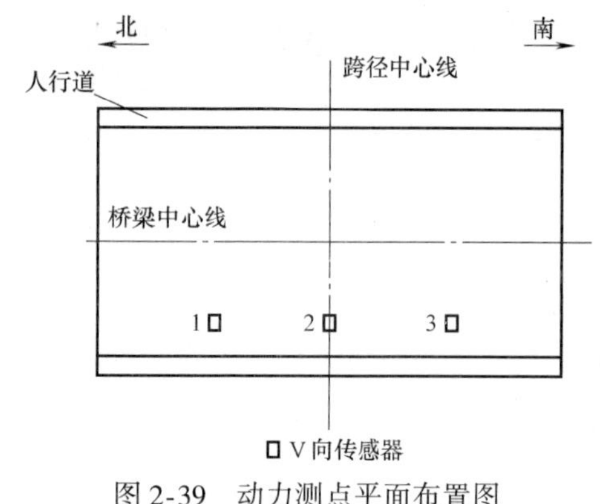

图2-39 动力测点平面布置图

动力测点平面布置如图2-39所示。

3）动力试验设备及试验工况

（1）动力试验设备

本次动载试验采用江苏东华测试技术股份有限公司生产的DH5922-32振动信号采集分析系统，如图2-40所示。该系统由激励部分、信号量测与数据采集部分、信号分析和频响函数分析估计几个部分组成。为准确采集环境激励信号，本次试验选择灵敏度较高的DH610，如图2-41所示。低频加速度传感器，频响范围为0.01Hz～100Hz。

其原理框图如图2-42所示。

图2-40 DH5922-32振动测试系统

图2-41 DH610低频传感器

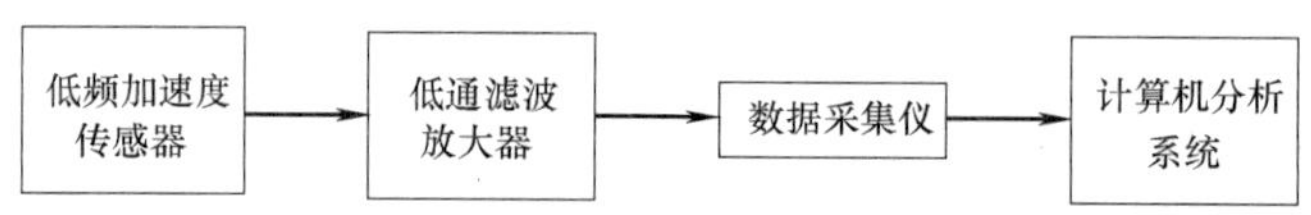

图2-42 DH5922-32振动测试系统原理框图

（2）检测位置传感器

测试截面位置动力测点传感器编号见表2-31，其中各传感器位置编号规则见前动力测点布置所述。

动力测点传感器号一览表 **表2-31**

传感器位置	传感器编号
1	80260
2	81001
3	80246

(3) 动力试验工况

动力试验工况　　　　表 2-32

试验工况	工况内容
工况 1	脉动试验
工况 2	10km/h,跑车试验
工况 3	20km/h,跑车试验
工况 4	30km/h,跑车试验
工况 5	40km/h,跑车试验
工况 6	20km/h,刹车制动试验
工况 7	10km/h,跳车试验

脉动试验是利用桥梁在各种随机环境激励（包括地脉动、风等）下引起的振动响应，采集相应信号，通过频谱分析得到桥梁结构的固有振动特性，比如固有频率、振型、阻尼比，为桥梁的动力响应分析提供参数。

跑车试验是让车辆以一定的时速从桥面驶过，引起桥梁的振动，采集桥梁结构的动力响应信号。

刹车制动试验是让车辆以一定的时速从桥面驶过，在跨中突然刹车制动，激起桥梁的振动，采集桥梁结构的动力响应信号。

跳车试验是采用试验车辆的前轴从 15cm 钢垫块上突然下落的方法激起桥梁的振动，采集桥梁结构的动力响应信号。

4）动力测试结果

(1) 结构固有频率的测定

为了获得实际结构的竖向振型，传感器全部为竖向放置，采用环境激励法采集数据，采集得到的跨中竖向传感器的时域信号如图 2-43 所示。

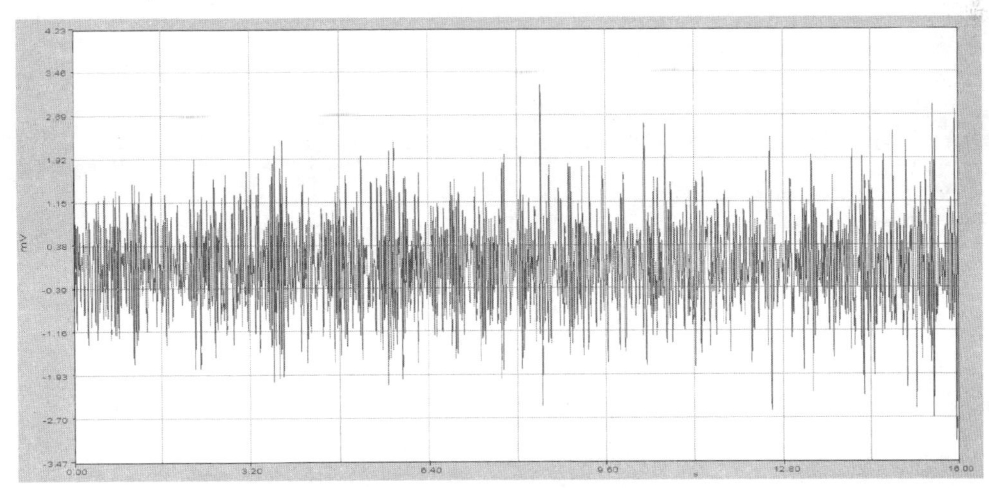

图 2-43　竖向传感器对应通道时域曲线图

对采集的时域信号进行快速傅立叶分析获得各通道的频谱图如图 2-44 所示。获得测点信号的频谱图后，用传递函数法对选择的频率峰值进行参数识别，可以求得结构的自振频率为 3.91Hz。

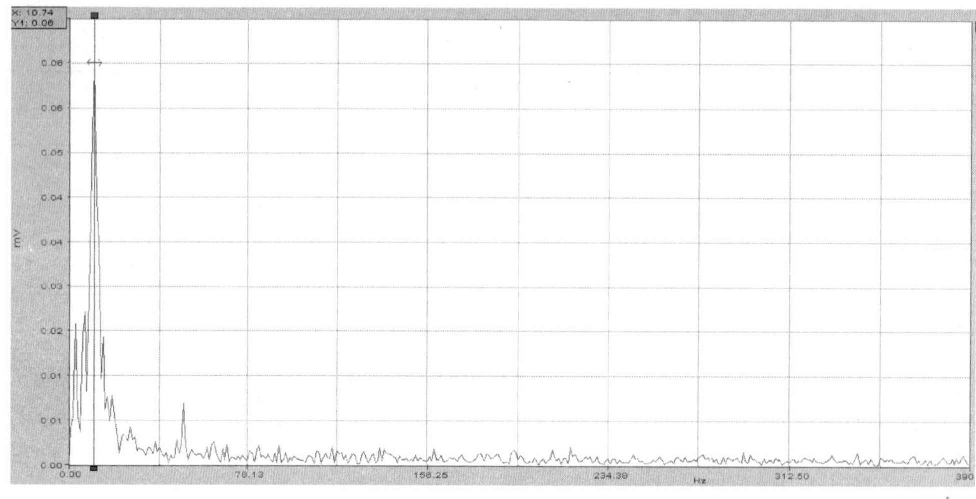

图 2-44　竖向传感器信号频谱图

（2）阻尼比的测定

桥梁结构阻尼特性，一般用对数衰减率 δ_a 或阻尼比 ζ 来表示。从桥梁振动衰减曲线可以求得这些桥梁振动参数。图 2-45 是时速 10km/h 跳车试验过程中，所测得一个车辆荷载激振作用下的桥梁振动衰减曲线，从图中对 15 个波形求得平均衰减率 δ_a 为：

$$\delta_a = \frac{1}{m}\ln\frac{A_i}{A_{i+m}} = 0.17255$$

则阻尼比为：

$$\zeta = \frac{\delta_a}{2\pi} = \frac{0.17255}{2\pi} = 0.02746$$

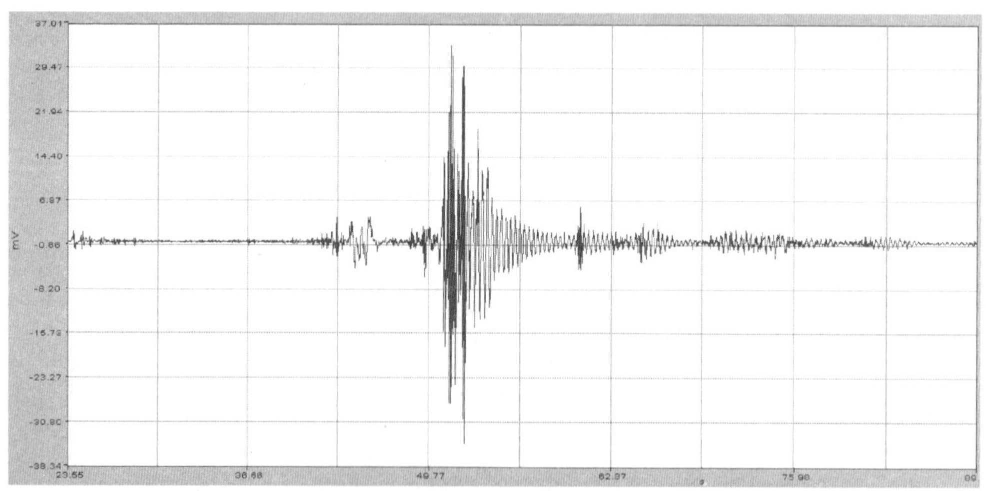

图 2-45　车辆荷载激振作用下（10km/h 跳车）的桥梁振动衰减曲线

（3）各工况下结构的固有频率振动速度时程曲线

图 2-46～图 2-51 分别为动荷载试验跑车试验、刹车试验和跳车试验中所得到的振动速度时程曲线。

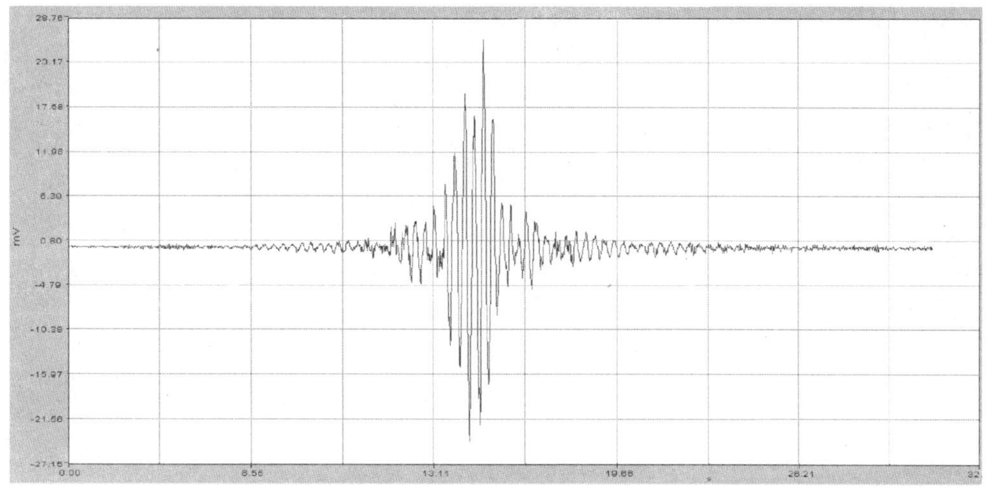

图 2-46　10km/h 振动速度时程曲线（跑车试验）

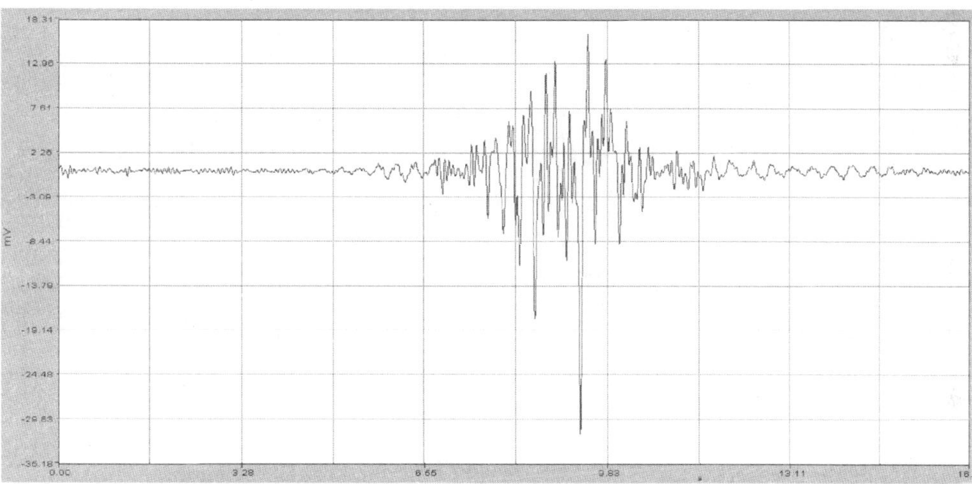

图 2-47　20km/h 振动速度时程曲线（跑车试验）

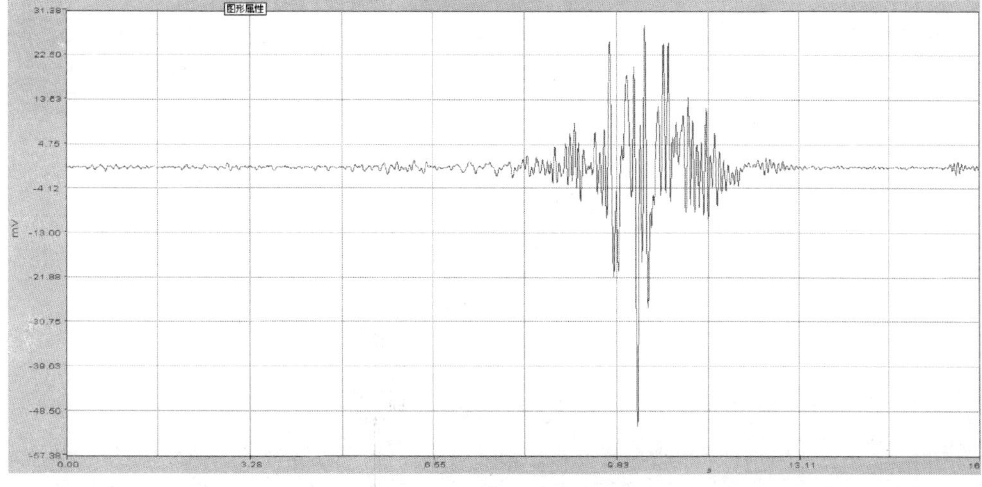

图 2-48　30km/h 振动速度时程曲线（跑车试验）

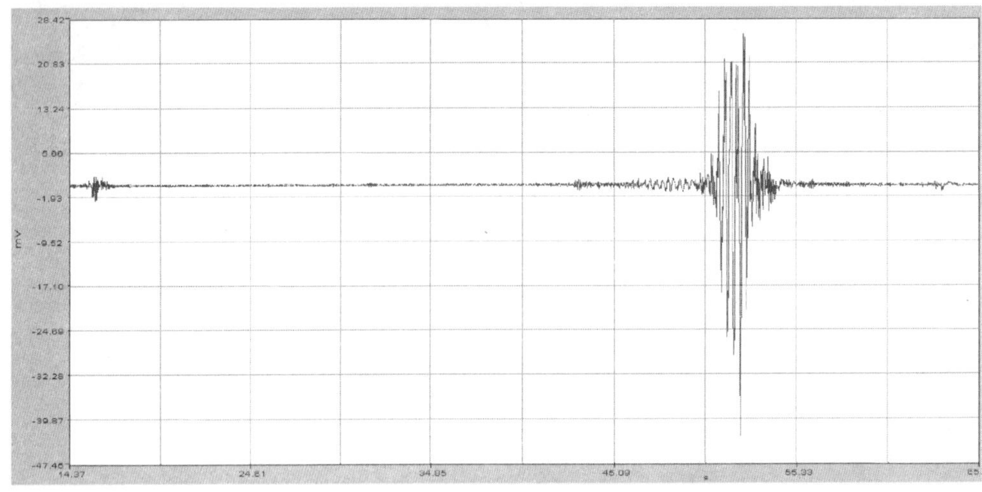

图 2-49　40km/h 振动速度时程曲线（跑车试验）

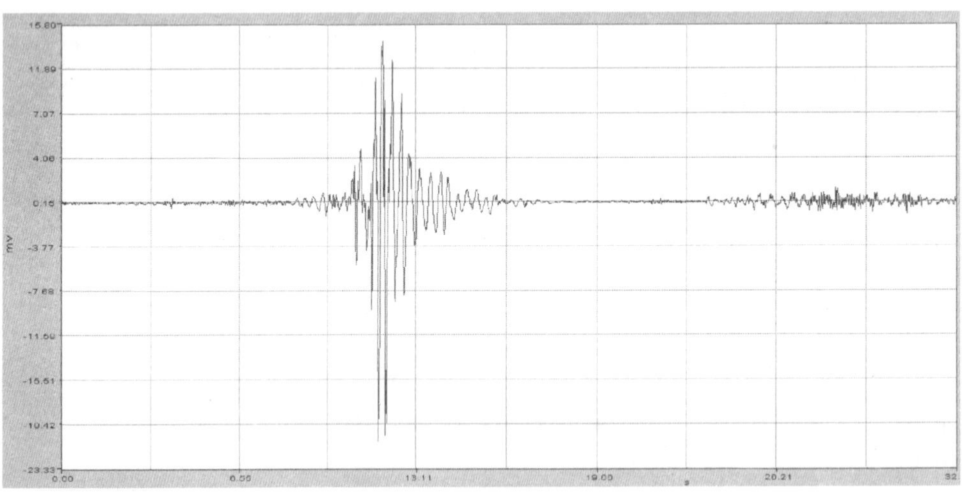

图 2-50　刹车激振（20km/h）时程曲线

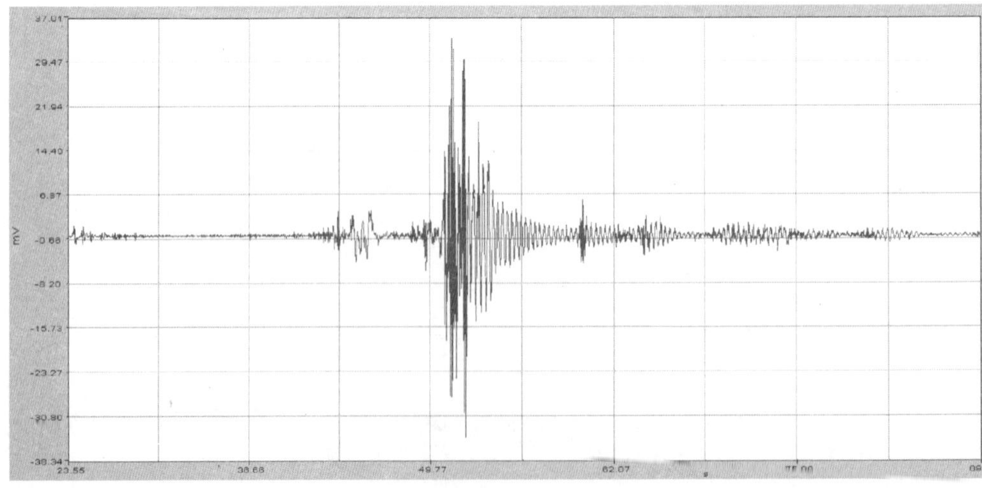

图 2-51　跳车激振（10km/h）时程曲线

(4) 冲击系数分析

动力荷载作用于结构上产生的动挠度，一般较同样的静荷载所产生的相应静挠度要大，动挠度与静挠度的比值称为活荷载的冲击系数。由于挠度反映了桥跨结构的整体变形，是衡量结构刚度的主要指标，因此活载冲击系数综合反映了荷载对桥梁的动力作用。它与结构的形式、车辆运行速度和桥面的平整度等有关。

为了测定冲击系数，利用所测挠度时程曲线，根据定义可得冲击系数的大小。按冲击系数的定义有：

$$1+\mu=\frac{Y_{\mathrm{dmax}}}{Y_{\mathrm{smax}}} \tag{2-5}$$

式中　Y_{dmax}——最大动挠度值；

Y_{smax}——最大静挠度值。

冲击系数的大小与车速、路面平整度状况、测点布设位置、试验工况等诸多因素都有一定的关系。图 2-52 ~ 图 2-57 分别为时速 10km/h 跑车试验、时速 20km/h 跑车试验、时速 30km/h 跑车试验、时速 40km/h 跑车试验、刹车制动及跳车试验中所得到的动挠度时程曲线，并据此求出这六个工况下的冲击系数，见表 2-33。

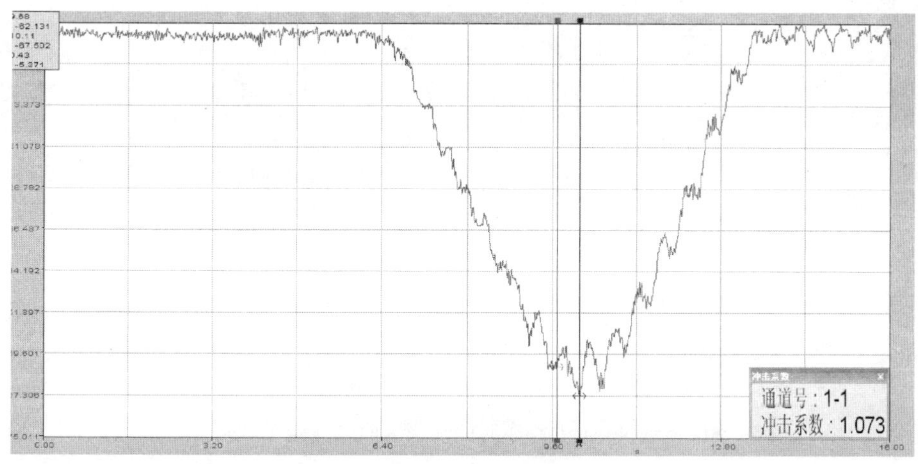

图 2-52　10km/h 跑车时的动挠度曲线（跑车试验）

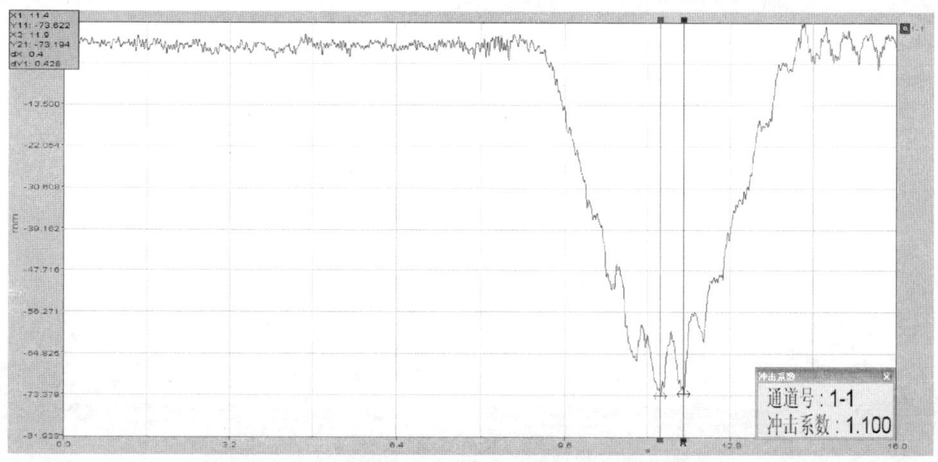

图 2-53　20km/h 跑车时的动挠度曲线（跑车试验）

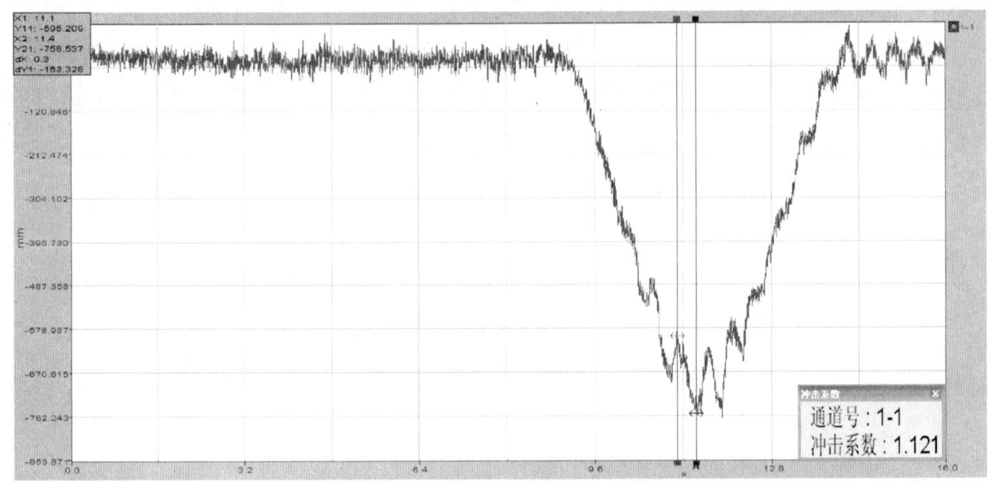

图 2-54　30km/h 跑车时的动挠度曲线（跑车试验）

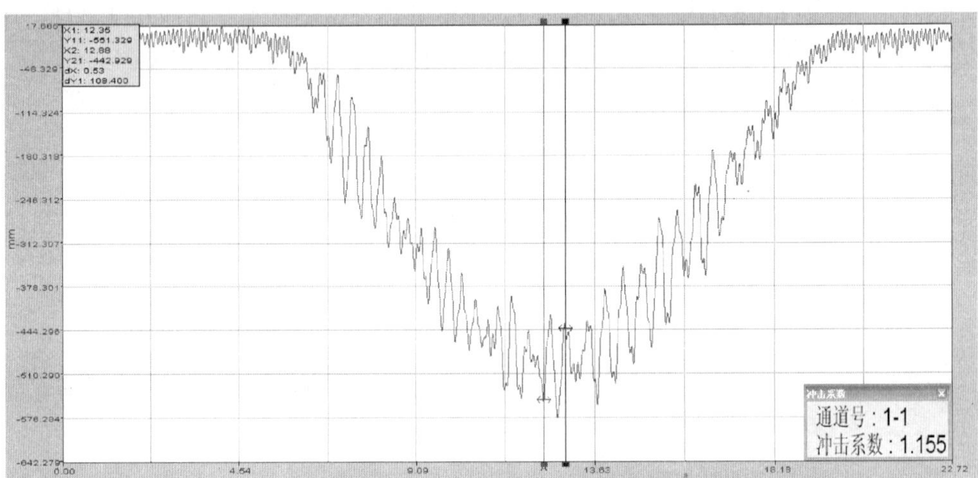

图 2-55　40km/h 跑车时的动挠度曲线（跑车试验）

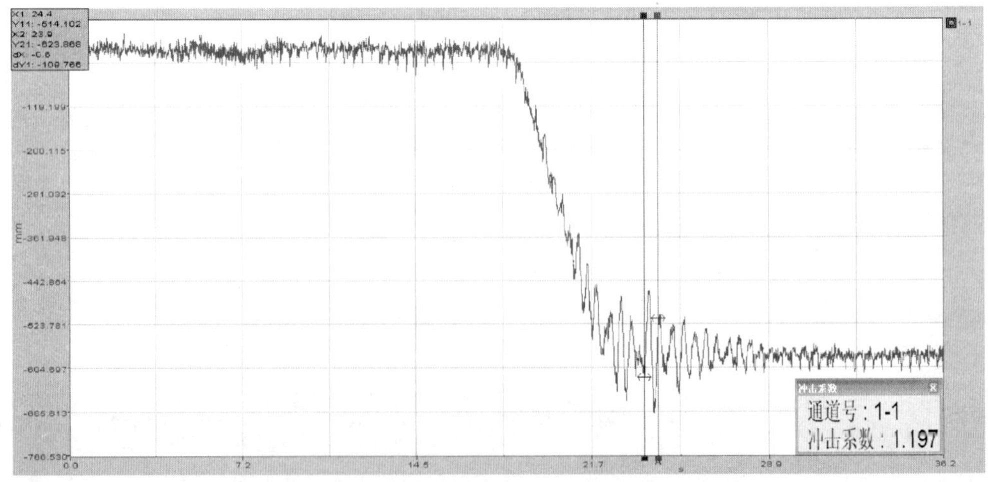

图 2-56　刹车制动试验时的动挠度曲线（刹车试验）

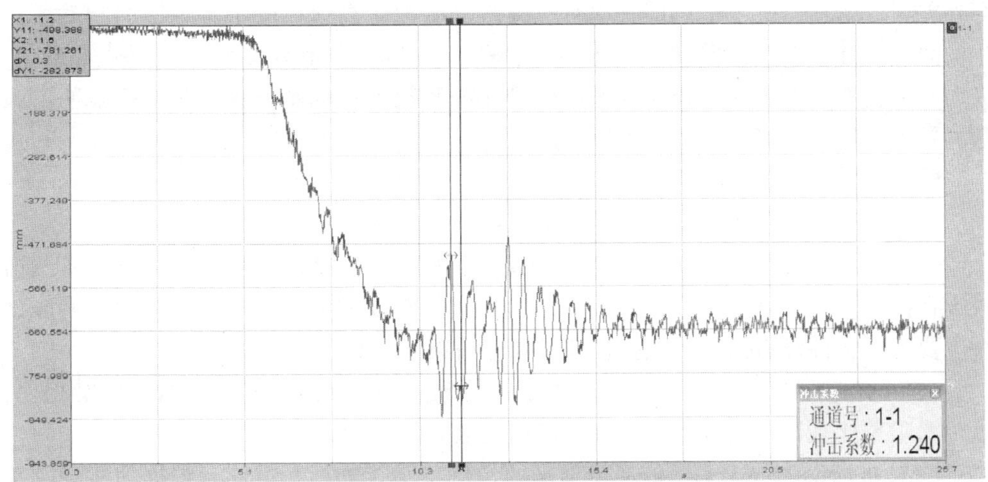

图 2-57　跳车时的动挠度曲线（跳车试验）

不同试验工况汽车动载的冲击系数　　　　**表 2-33**

试验工况	试验车速(km/h)	冲击系数(1 +μ)
跑车	10	1.073
	20	1.100
	30	1.121
	40	1.155
刹车	20	1.197
跳车	10	1.240

跑车试验中，从图 2-58 可较直观的看出，实测冲击系数随着车速的增加有很明显的增大趋势，但实测值均较大程度小于该桥理论冲击系数值 1.246；行车速度与实测动力冲击系数的关系如图 2-58 所示；由此可见，该桥动力冲击系数受行车速度的影响较大，动力冲击系数受行车速度的影响比较敏感。

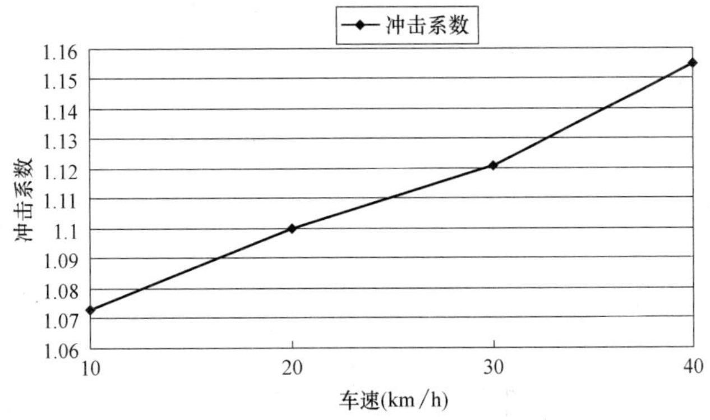

图 2-58　跑车试验实测冲击系数与车速关系曲线图

刹车制动试验、跳车试验的影响因素较多，如刹车的快慢、桥面平整度、车辆的载重等，这些都会造成对冲击系数的较大影响。由于司机在刹车瞬间动作的快慢存在差异，低速行驶下的迅即制动对桥的激励要大于高速行驶下较迟缓的制动所产生的激励。此次刹车试验实测冲击系数，跳车实测冲击系数均大于理论冲击系数，说明在不良路况情况下车辆跳车振动桥梁冲击系数和车辆紧急刹车制动桥梁冲击系数均较大，因此，必须做好行车桥面的养护。

5）动力试验结论

通过动力试验分析可以得到以下结论：

（1）理论计算固有频率值为2.269Hz，实测桥梁结构固有频率3.91Hz，实测值较大程度大于理论计算值，说明桥梁结构的实际刚度偏大，大于理论刚度，目前该桥主要受力构件没有出现较大损伤或破坏，桥梁总体刚度较好。

（2）实测桥梁结构阻尼比0.02746，对数衰减率为0.02891，与同类桥梁相比，该桥梁阻尼比在正常范围，说明该桥结构耗散外部能量输入的能力尚好。

（3）根据动力冲击系数的实测值来评价桥梁结构的行车性能，根据动荷载跑车试验所实测冲击系数，当车速为30km/h时，实测冲击系数为1.121，与理论计算值1.129非常接近，而当车速达到40km/h、刹车或跳车情况下，实测冲击系数均大于理论计算值，这说明桥梁结构的行车性能较差，桥面铺装损坏，因此需加强行车道的桥面养护工作。

第3章　T形梁加固方法及设计方法概述

3.1　加固方法概述

按结构加固的方式，可以分为直接加固与间接加固。直接加固方法有如下几类：

3.1.1　增大截面加固法

当梁的强度、刚度不能满足要求时，通常采用增大截面、增大配筋，提高配筋率的方法进行加固。这种方法是增大梁顶、底面尺寸，增设主筋，提高梁的有效高度和抗弯强度，从而提高桥梁的承载能力。该方法广泛应用于梁桥和桥梁梁肋。主要有以下几种加固方式：

1．受压区加固法

即将原有桥面铺装拆除，在原桥面上浇筑钢筋混凝土补强层，以提高桥梁结构的抗弯刚度和承载力。

2．受拉区加固法

即将梁的下翼缘加宽、加高，扩大梁的截面，在新增加断面中增设主筋。增设钢筋混凝土围套的方法，该方法即在T形梁腹板两侧及底板位置处三面包裹混凝土，达到对抗剪以及抗弯承载能力都提高的作用。

该方法的优点为简单易行且效果明显。然后也存在着一些缺点如：混凝土截面增大的同时造成自重较大幅度的增大、现场工作量大且养护周期过长、对桥下净空有所削减等。

3.1.2　粘贴钢板法

1. 原理

采用环氧树脂系列胶粘剂将钢板粘贴在钢筋混凝土结构物的受拉缘或薄弱部位，使之与原结构形成整体共同受力，以提高其抗弯、抗剪承载能力，改善原结构的钢筋及混凝土的应力状态，限制裂缝的进一步发展，从而达到加固补强、提高桥梁承载能力。用胶粘剂粘结的钢板与混凝土，无论其粘结抗剪，还是粘结抗拉，破坏均发生在混凝土上、粘结强度取决于混凝土自身强度。因此，钢板与混凝土的粘结抗剪、粘结抗拉强度，可取决于混凝土的抗剪强度、轴心抗拉强度。

2. 步骤

首先，应对桥梁存在的病害与产生缺陷的原因进行分析，当确定采用粘贴钢板进行加固后，根据病害与缺陷的所在部位，确定钢板的规格和粘贴部位的形式。一般将钢板粘贴在被加固的桥梁结构受力部位的外边缘，以便充分发挥粘贴的钢板强度与作用，同时封闭粘贴部位的裂缝和缺陷，约束混凝土变形，从而有效地提高被加固构件的刚度和抗裂性。设计时，可根据需要在不同的部位粘贴钢板，有效地发挥粘钢构件的抗弯、抗剪、抗压性能。

该种加固方法具有如下两条优点：一是具有良好的强度与刚度、结构承载能力提高较大；二是施工较为简便，对施工人员素质、施工工艺及设计要求相对较低。本方法亦有缺点，如钢材本身耐腐蚀性能较差，钢板条本身自重较大，粘贴时较为麻烦。

3.1.3 粘贴钢筋加固法

粘贴钢筋加固法一般用在桥梁结构的抗拉强度不足，受拉部位产生裂缝时，在受拉部位粘贴钢筋进行加固，以便增强桥梁抗弯部位外纤维的抗拉能力。粘贴钢筋具有与结构物黏附性能好、加工成型容易、用钢量少、锚固牢靠方便、加固效果明显等特点。一般采用环氧砂浆粘贴钢筋，环氧砂浆的厚度以不使钢筋外露为标准。为便于施工和加固补强钢筋同原结构更好地形成整体，可在原结构上间隔一定距离设置短钢筋锚杆。

3.1.4 体外预应力加固法

体外预应力法加固钢筋混凝土 T 形梁桥，常在梁底或梁侧下部增设预应力加劲钢丝索或预应力粗钢筋补强，并分别锚固在梁的两端，通过设置一定的联接构件使预应力拉杆（钢丝索或粗钢筋）与梁体构成一个桁架体系，成为一次超静定结构，从而抵消部分恒载应力，起到卸载作用，进而达到较大幅度地提高桥梁的承载能力的目的。体外预应力加固法与增焊（或粘贴）钢筋（或钢板）的加固方法相比，不需清除混凝土保护层，且损伤梁体程度小，加固时不影响或少影响交通，能恢复或提高桥梁的荷载等级，经济效果明显。但对于梁体外的预应力筋和有关构件，应采取切实有效的防护措施，否则在温度、腐蚀等外界条件作用下，容易造成预应力筋断裂，从而使加固工作失败。体外预应力加固法实际上是改变了梁体原有受力体系的加固方法，根据被加固结构受力要求不同，预应力拉杆又分三种：水平拉杆、下撑式拉杆和组合式拉杆。水平拉杆适用于正截面受弯承载力不足的加固，同时可减小梁的挠度，缩小原构件的裂缝宽度。下撑式拉杆适用于斜截面受剪承载力、正截面受弯承载力均不足的受弯构件加固，同时又可减小梁的挠度，缩小原构件的裂缝宽度。组合式拉杆一般用两根水平拉杆、两根下撑式拉杆，适用于正截面受弯承载力严重不足而斜截面受剪承载力略为不足的加固，同时亦可减小受弯构件的挠度，缩小原构件的裂缝宽度。

该方法的优点为：一是作为一种主动的加固方法效果明显，能大幅度改善原结构的受力状态；二是原结构自重增加很少，对下部结构影响也较少；三是对桥梁通行能力影响较少，除在张拉预应力筋期间需进行短暂的车辆通行临时管制，其他时间可不断行。当采用这种方法时也存在着下列缺点：一是体外预应力筋造价较高，且对施工人员素质、施工工艺及设备要求较高；二是体外索耐久性较差，容易受到意外的破坏。

3.1.5 碳纤维布加固法

碳纤维是一种新型建材，因其质轻、耐腐蚀、片材很薄、抗拉强度高、耐疲劳等优点而被广泛应用。碳纤维布（片）加固法亦被视为梁式桥加固补强、提高承载力，尤其是当高度受限制时的首选加固方法，其施工工艺也很简单。加固混凝土构件所用的碳纤维布是由碳纤维长丝经编织而制成的柔性片材。在编织碳纤维布时，将大量的碳纤维长丝沿一个主方向均匀平铺，用极少的非主方向碳纤维丝将主方向碳纤维丝编织连接在一起，形成很薄的以主纤维方向受力的碳纤维布，加固混凝土构件时，按构件的不同受力特点用粘结材料将碳纤维布有序地缠绕粘贴于构件表面，实现对构件变形的约束，并因此提高构件的极限强度和承载能力。粘结材料的性能是保证碳纤维布与混凝土共同工作的关键，也是两者之间传力途径中的薄弱环节。因此，粘结材料应有足够的刚度与强度来保证碳纤维与混凝土之间剪力的传递，同时应有足够的韧性，不会因混凝土开裂导致脆性粘结破坏。

此外，由于通常钢筋混凝土T形梁桥加固均在野外，所以粘结材料还应能在一般气候条件下固化，且固化时间合适（一般保证有3小时左右），对组分含量不敏感，具有适宜的流动性和黏度，固化收缩率小。将抗拉性能优良的碳纤维布用粘结材料粘贴到T形梁底部或肋的侧边，使其与原结构一起参与受力，即碳纤维布可以与原结构内布置的钢筋一道共同承受拉力，提高旧桥承载力。沿桥梁的主拉应力方向（或与裂缝正交方向）粘贴碳纤维布，两端分别设置锚固端，据此可约束混凝土表面裂缝，防止裂缝再扩展，从而达到提高构件抗弯刚度、减少挠度、改善梁体受力状态的目的。目前可用于旧桥结构加固用的碳纤维布有单向碳纤维布、单向碳纤维交织布、双向碳纤维交织布及单向碳纤维层压材料等，可根据不同的结构部位和受力特性与方向等选择相应的碳纤维布进行加固。

碳纤维加固有许多优点：一是不增加恒载及截面尺寸，不影响结构外观，不减小桥下净空；二是该法施工简便、工期短、无需大型设备，不受空间限制；三是采用环氧树脂胶粘剂将碳纤维布粘贴在桥梁结构物上，无需打孔植螺栓，不会对原构件造成损伤；四是碳纤维粘贴后，能够有效地约束粘贴部位裂缝的产生和开展；五是碳纤维材料稳定性好，耐各种酸、碱、盐的腐蚀，耐久性好；六是碳纤维布可以在同一部位粘贴几层，补强效果好。

3.1.6 改变结构体系法

主要是利用梁的连续作用或梁、板组合作用改变结构的受力体系，改善结构的受力状况，以提高桥梁承受活载的能力。如将简支梁变为连续梁，将铰接改为刚接，利用辅助墩、八字撑等将单跨梁变成多跨结构，以及在拱桥桥面上现浇一层钢筋混凝土板，将拱式体系转换为梁式体系等。

3.1.7 截面转换法

在T形梁下方增加一层底板，重新浇筑一层钢筋混凝土铺装层，有效加强顶板联系，形成箱梁截面。在横截面设计中，要求在增大主梁截面抵抗矩的同时减小梁的自重，必然形成两种截面形式：一是闭合薄壁箱形截面；一是多主梁式T形截面。从受力来看，对钢筋混凝土结构而言，T形截面顶板宽翼缘受压，下部开裂后不参与工作，只要能有布置钢筋的足够面积即可，有利于承受正弯矩。在承受负弯矩时，顶上翼缘处于受拉区，而肋部处于受压区，要提高抗负弯矩的能力，必须把底部加大成马蹄形。显然，T形截面在钢筋混凝土结构中，重心位置偏上，承受正弯矩能力的力臂距远远大于承受负弯矩的力臂距。所以，它也是有利于承受正弯矩。总之，无论是钢筋混凝土或预应力混凝土结构，T形截面有利于承受单向弯矩（正弯矩），不利于承受双向弯矩（正、负弯矩）。因而在简支梁桥中，跨径从13～50m，大多数的横截面形式布置成多T形梁截面形式（也有多采用箱梁截面形式或I形）。箱形截面是一种闭口薄壁截面，其抗扭刚度大，并具有较T形截面高的截面效率指标ρ，同时它的顶板和底板面积均较大，能有效地承担正负弯矩，并满足配筋的需要。因此在已建成的大跨度预应力混凝土梁桥中，当桥梁跨径增大时，在梁截面不改变的情况下，弯矩随跨径平方增加，当跨度大于40m后，其横截面大多为箱形截面。此外，当桥梁承受偏心荷载时，箱形截面梁抗扭刚度大，内力分布比较均匀；在桥梁处于悬臂状态时，具有良好的静力和动力稳定性，对悬臂施工的大跨度梁桥尤为有利。由于箱形截面整体性能好，因而在限制车道数通过车辆时，可以超载通行，而装配式桥梁由于整体性能差，超载行驶车辆的能力很有限。一般地讲，箱形截面形式主要取决于桥面宽度，此外，与墩台构造形式、施工要求等也有关。常见的箱形截面有单箱单室、单箱多室、多箱多室、多箱多室。单箱截面整体性好，施工方便，材料用量较经济，当桥面宽度不大时，以采用单箱截面为好。

除了上述几种直接加固的方法，还有下面几种间接加固的方法：

（1）增设构件加固法；

（2）增设支点加固法；

（3）增设结构整体性加固法；

（4）改变结构刚度加固法；

（5）卸载加固法。

桥梁的加固方法除了可以分为直接加固和间接加固的方法外，还可以分为主动加固和被动加固方法。

如上述的体外预应力筋加固的方法、增设构件、支点的方法都为主动加固的方法，这些方法直接调整了结构的内力。而粘贴钢板、粘贴碳纤维材料的方法为被动加固的方法。

3.2 粘贴钢板加固设计方法

粘贴钢板法的加固机理：粘钢法实质就是用钢板来代替所需增设的钢筋，从而达到提升构件承载能力的一种加固方法。加固方式就是使用环氧树脂建筑结构胶将钢板粘贴在混凝土梁受拉区或薄弱部位，使钢板与原梁共同受力。

钢筋混凝土梁桥粘钢加固的方法有两种，一种是只在梁底粘贴钢板，一种是不仅在梁底粘贴钢板，还要将梁加高Δh（Δh为现浇混凝土厚度）。推导公式时我们以第二种情况为对象进行研究，而在推导的公式中，只要令$\Delta h=0$，便是第一种情况的解答。现在不考虑新加层Δh内配筋的情况，且以新旧混凝土为同一强度等级进行讨论，也不考虑新浇混凝土收缩对结构的影响。

1. 按容许应力法计算

按容许应力法计算的加固构件应分为两个部分进行，总应力值为两部分叠加。第一部分为全部恒载（包括加固部分）作用所引起的截面应力，这部分恒载由原构件承受，这就要求原构件至少要有能够承受自重和新加恒载的能力；第二部分为加固改造后的二期恒载和活载所引起的截面应力。

1）全部恒载作用下原截面应力计算

根据截面内、外力平衡条件，可以建立三个基本方程。

$$\sum x = 0 \qquad \frac{1}{2}bx\sigma_{h0} = A_{g0}\sigma_{g0} \tag{3-1}$$

式中　σ_{h0}——原截面上缘混凝土由全部恒载引起的应力；

σ_{g0}——原截面钢筋由全部恒载引起的应力；

A_{g0}——原截面钢筋截面积。

$$\sum M_Z = 0 \qquad \frac{1}{2}bx\sigma_{h0}\left(h_0 - \frac{x}{3}\right) = M_0 \tag{3-2}$$

根据平截面假定及胡克定律可得：

$$\frac{\sigma_{h0}}{x} = \frac{\sigma_{h0}/n}{h_0' - x} \tag{3-3}$$

式中　n——原钢筋与混凝土弹性模量比；

$$n = \frac{E_{g0}}{E_h} \tag{3-4}$$

E_{g0}——原钢筋的弹性模量；

E_h——原混凝土的弹性模量；

其余符号定义如图 3-1 所示。

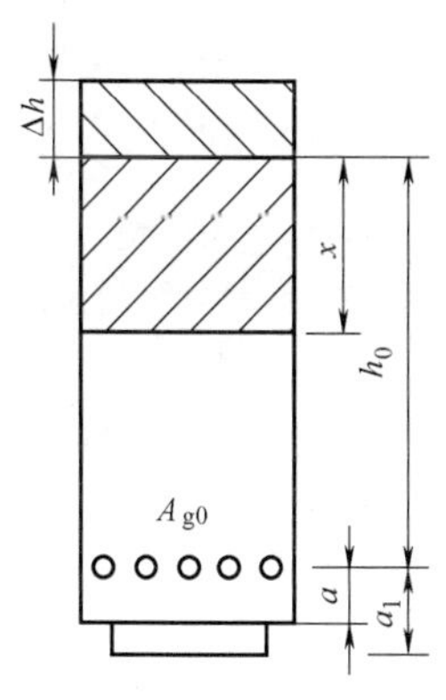

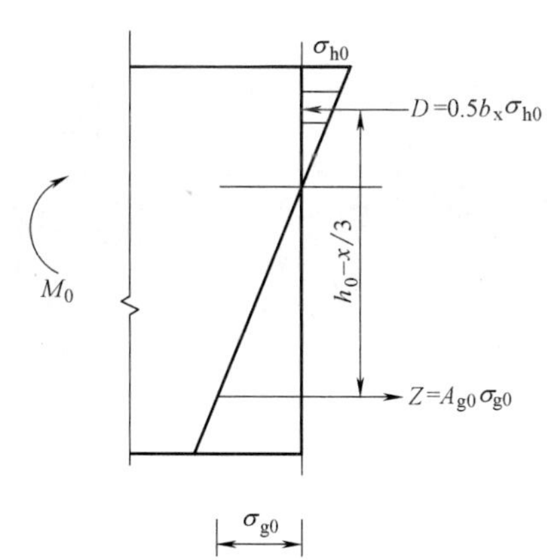

图 3-1　恒载应力计算

根据上述方程联立，不难求得 σ_{h0}，σ_{g0}。

$$x = \frac{nA_{g0}}{b}\left(\sqrt{1 + \frac{2bh_0}{nA_{g0}}} - 1\right) \tag{3-5}$$

$$\sigma_{h0} = \frac{M_0}{\frac{1}{2}bx\left(h_0 - \frac{x}{3}\right)} \tag{3-6}$$

$$\sigma_{g0} = \frac{M_0}{A_{g0}\left(h_0 - \frac{x}{3}\right)} \tag{3-7}$$

2）加固设计

新加混凝土厚度 Δh，由于受原桥桥面标高的限制，一般情况下是一已知值（定值），所以这里的任务是确定钢板的用量。

设由二期恒载及活荷载作用下截面产生的弯矩为 M_1，如图 3-2 所示，可以采用以下步骤来计算 A_g。

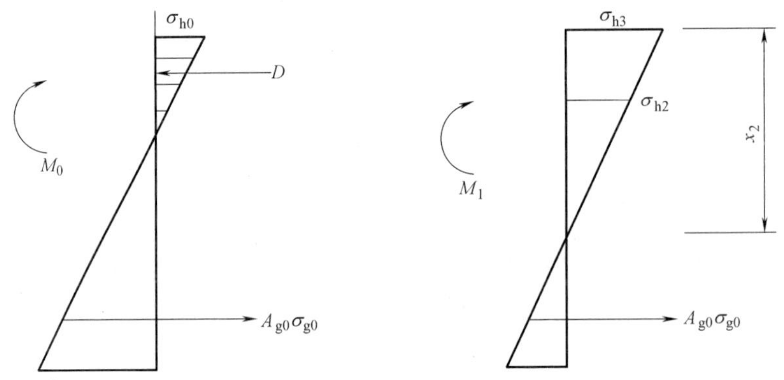

图 3-2　二期恒载及活载作用

（1）判断采用平衡设计还是低筋设计

如图 3-2 所示，暂不考虑 A_g 的影响，从而不难求出 σ_{h2} 和 σ_{g2}。

$$x_2 = \frac{nA_{g0}}{b}\left[\sqrt{1 + \frac{2b(h_0 + \Delta h)}{nA_{g0}}} - 1\right] \tag{3-8}$$

$$\sigma_{h3} = \frac{M_1}{\frac{1}{2}bx_2\left(h_0 + \Delta h - \frac{x_2}{3}\right)} \tag{3-9}$$

$$\sigma_{h2} = \sigma_{h3}\frac{x_2 - \Delta h}{x_2} \tag{3-10}$$

$$\sigma_{g2} = \frac{M_1}{A_g\left(h_0 + \Delta h - \frac{x_2}{3}\right)} \tag{3-11}$$

式中　Δh——新加混凝土厚度；

A_g——新加钢板面积。

则原梁顶面混凝土的总应力为 $\sigma_{h0} + \sigma_{h2}$，钢筋的总应力为 $\sigma_{g0} + \sigma_{g2}$，如果 $\sigma_{h0} + \sigma_{h2} \leqslant [\sigma_w]$，则可采用低筋设计，否则宜采用平衡设计。此处 $[\sigma_w]$ 为混凝土的容许弯曲压应力。一般情况下 $\sigma_{g0} + \sigma_{g2} > [\sigma_g]$，$\sigma_g$ 为钢筋的容许拉应力，否则此构件不需加固。

（2）平衡设计

由于 Δh、a_1 值均较小，且混凝土梁自重内力较大，在荷载作用下，新加混凝土顶面（加固后的梁顶面）和新加钢板一般达不到其容许应力，混凝土应力还是原梁上的表面控制，钢筋应力还是由原钢筋重心处的应力控制，如图 3-3 所示。

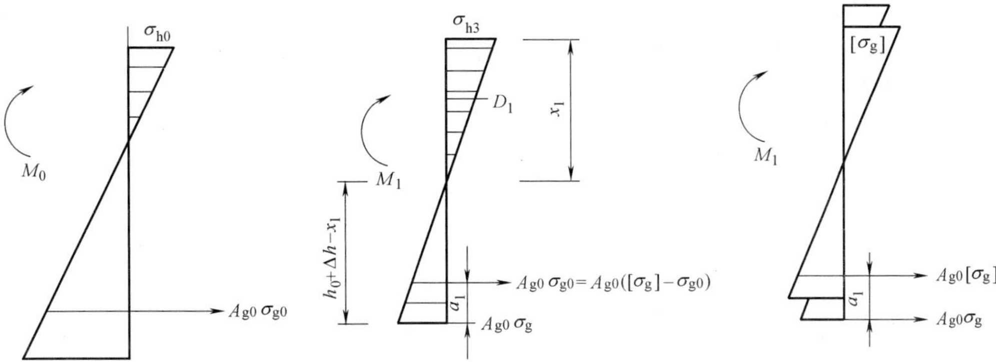

图 3-3　平衡设计

由图 3-3 中，可得出：$$\frac{[\sigma_w]-\sigma_{h0}}{x_1-\Delta h}=\frac{\frac{\sigma_g-\sigma_{g0}}{n}}{h_0+\Delta h-x_1} \tag{3-12}$$

则 $$x_1=\frac{n\sigma_{h1}}{n\sigma_{h1}+\sigma_{g1}}h_0+\Delta h \tag{3-13}$$

式中： $$\sigma_{h1}=[\sigma_w]-\sigma_{h0},\sigma_{g1}=[\sigma_g]-\sigma_{g0} \tag{3-14}$$

由 $\sum M_{d1}=0$，有

$$M_1=A_{g0}\sigma_{g1}\left(h_0+\Delta h-\frac{x_1}{3}\right)+A_g\sigma_g\left(h_0+\Delta h+a_1-\frac{x_1}{3}\right) \tag{3-15}$$

而 $$\sigma_g=\left(1+\frac{a_1}{h_0+\Delta h-x_1}\right)\frac{E_g}{E_{g0}}\sigma_{g1} \tag{3-16}$$

则 $$A_g=\frac{M_1-A_{g0}\sigma_{g1}\left(h_0+\Delta h-\frac{x_1}{3}\right)}{\sigma_g\left(h_0+\Delta h+a_1-\frac{x_1}{3}\right)} \tag{3-17}$$

式中　E_g——新加钢板的弹性模量，其余符号意义同前。

(3) 低筋设计

钢筋应力亦由原钢筋容许应力控制，但混凝土达不到其容许应力，就是在上图中，$\sigma_{h1}<[\sigma_w]-\sigma_{h0}$，并且有：

$$\sum M_{d1}=0\quad M_1=A_{g0}\sigma_{g1}\left(h_0+\Delta h-\frac{x_1}{3}\right)+A_g\sigma_g\left(h_0+\Delta h+a_1-\frac{x_1}{3}\right) \tag{3-18}$$

$$\sum x=0\qquad \frac{1}{2}\frac{x_1^2}{x_1-\Delta h}b\sigma_{h1}=A_{g0}\sigma_{g1}+A_g\sigma_g \tag{3-19}$$

$$\frac{\sigma_{h1}}{x_1-\Delta h}=\frac{\frac{\sigma_{g1}}{n}}{h_0+\Delta h-x_1}=\frac{\frac{\sigma_g}{n}}{h_0+\Delta h+a_1-x_1} \tag{3-20}$$

式中：$n_1=\frac{E_g}{E_h}$

其中 x_1、A_g、σ_g、σ_{h1} 为未知量，联立以上3个等式，则可求得 A_g 的值。

（4）截面复核

加固后构件截面复核时，有以下几个应力：

① 构件上表面混凝土的压应力 σ_h

$$\sigma_h = \sigma_{h0} + \sigma_{h1} \tag{3-21}$$

② 新加混凝土上表面混凝土的压应力 σ_h'

$$\sigma_h' = \frac{x_1}{x_1 - \Delta h}\sigma_{h1} \tag{3-22}$$

③ 原构件钢筋的拉应力 σ_g'

$$\sigma_g' = \sigma_{g0} + \sigma_{g1} \tag{3-23}$$

$$\sigma_{g1} = n\frac{\sigma_{h1}(h_0 + \Delta h - x_1)}{x_1 - \Delta h} \tag{3-24}$$

④ 新加钢板的应力 σ_g

$$\sigma_g = n_1\frac{\sigma_{h1}(h_0 + \Delta h + a_1 - x_1)}{x_1 - \Delta h} \tag{3-25}$$

上面各式中，σ_{h0}、σ_{g0} 由之前所列公式可求得，σ_{h1}、x_1 可由平衡方程解得。

另外，只要注意到新加混凝土和钢板的存在，按容许应力法计算钢筋混凝土受弯构件的换算截面几何特性的方法完全可以直接引用。

即换算截面 A_0

$$A_0 = bx_1 + nA_{g0} + n_1A_g \tag{3-26}$$

换算截面惯性矩 I_0

$$I_0 = \frac{bx_1^3}{3} + nA_{g0}(h_0 + \Delta h - x_1)^2 + n_1A_g(h_0 + \Delta h + a_1 - x_1)^2 \tag{3-27}$$

受压区高度 x_1 可由换算截面对中性轴的净面积矩为0求得，即

$$\frac{1}{2}bx_1^2 = nA_{g0}(h_0 + \Delta h - x_1) + n_1A_g(h_0 + \Delta h + a_1 - x_1)^2 \tag{3-28}$$

解得：

$$x_1 = \frac{nA_{g0} + n_1A_g}{b}\left(\sqrt{1 + \frac{2b[nA_{g0}(h_0 + \Delta h) + n_1A_g(h_0 + \Delta h + a_1)]}{(nA_{g0} + n_1A_g)^2}} - 1\right) \tag{3-29}$$

则有：

$$\sigma_{h1} = \frac{M_1}{I_0}(x_1 - \Delta h) \tag{3-30}$$

$$\sigma_{g1} = n\frac{M_1}{I_0}(h_0 + \Delta h - x_1) \tag{3-31}$$

$$\sigma_g = n_1\frac{M_0}{I_0}(h_0 + \Delta h + a_1 - x_1) \tag{3-32}$$

$$\sigma_h' = \frac{M_1}{I_0}x_1 \tag{3-33}$$

（5）适用条件

静力平衡条件式和截面计算式成立的必要条件是钢板与梁底混凝土具有可靠的粘结力，这种粘结力是由钢板与梁底混凝土之间的粘结剪应力所提供的。

取长度为 dl，板宽为 b_g 的钢板单元，受力情况如图 3-4 所示：根据静力平衡条件可得：

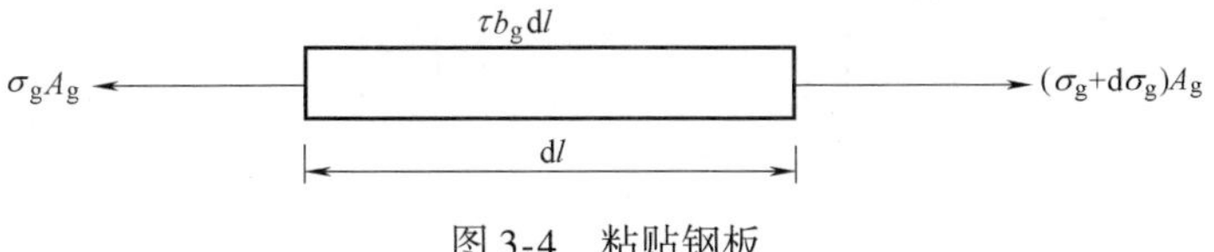

图 3-4　粘贴钢板

$$\sum x = 0$$

既：
$$(\sigma_g + d\sigma_g)A_g - \sigma_g A_g = \tau b_g dl \tag{3-34}$$

$$A_g d\sigma_g = \tau b_g dl \tag{3-35}$$

$$\tau = \frac{A_g}{b_g}\frac{d\sigma_g}{dl} \tag{3-36}$$

由之前等式可推出：

$$\frac{d\sigma_g}{dl} = n_1 \frac{dM_1}{dl}\frac{h_0 + \Delta h + a_1 - x_1}{I_0} \tag{3-37}$$

得：
$$\tau = n_1 \frac{Q_1 A_g}{b_g I_0}(h_0 + \Delta h + a_1 - x_1) \tag{3-38}$$

由此可得适用条件为：$n_1 \dfrac{Q_1 A_g}{b_g I_0}(h_0 + \Delta h + a_1 - x_1) \leqslant \tau$　　(3-39)

式中：Q_1 为与 M_1 对应的剪力。

$[\tau] = \min([\tau_h] \| \tau_s \| [\tau_{hs}][\tau_{sg}])$，$\tau_h$ 为混凝土的容许剪应力，τ_s 为粘结材料的允许剪应力，τ_{hs}为粘结材料与混凝土粘结面的容许剪应力，τ_{sg}为粘结材料与钢板结合面的容许剪应力。若用钢板的粘结长度表示则有：

$$l_g \geqslant n_1 \frac{M_1}{[\tau] I_0}\frac{A_g}{b_g}(h_0 + \Delta h + a_1 - x_1) \tag{3-40}$$

$$l_g \geqslant \frac{\sigma_g}{[\tau]}\frac{A_g}{b_g} \tag{3-41}$$

3）按极限状态法计算

（1）承载能力极限状态

如图 3-5 所示，承载能力极限状态计算的基本公式为：

$$\sum x = 0 \qquad \frac{1}{\gamma_c}R_a bx = \frac{1}{\gamma_s}R_{g0}A_{g0} + \frac{1}{\gamma_s}R_g A_g \tag{3-42}$$

$$\sum x_s = 0 \qquad M_j = \frac{1}{\gamma_c}R_0 bx\left(h_0 + \Delta h - \frac{x'}{2}\right) + \frac{1}{\gamma_s}R_g A_g a_1 \tag{3-43}$$

或 $\sum M_d = 0 \quad M_j = \dfrac{1}{\gamma_s}R_{g0}A_{g0}\left(h_0 + \Delta h - \dfrac{x}{2}\right) + \dfrac{1}{\gamma_s}R_g A_g\left(h_0 + \Delta h - \dfrac{x'}{2} + a_1\right)$

式中　R_g——徐变钢板的设计强度；

γ_c、γ_s——混凝土和钢筋的安全系数。

上述三个方程中，只有两个方程是相互独立的。因此配筋设计时，只有 x'和 A_g 为未知数（指粘贴的钢板），强度复核时 M_j 和 x 为未知数，可以直接求解。

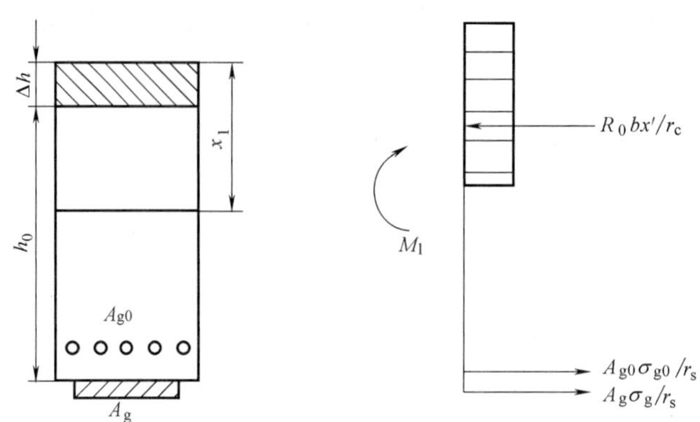

图3-5　承载能力极限状态法

（2）正常使用极限状态

① 变形计算

计算活载变形时，截面惯性矩 I_0 应该包括粘贴钢板的开裂截面换算惯性矩，其余计算方法与桥规相同。

② 裂缝宽度计算

粘钢法最大裂缝宽度计算式中的参数按下列公式计算：

$$c_1=\frac{A_{g0}+1.4A_g}{A_{g0}+A_g} \tag{3-44}$$

$$d=\frac{4(A_{g0}+A_g)}{s} \tag{3-45}$$

式中　c_1——考虑钢材表面形状的系数；

s——原钢筋及新加钢板与混凝土接触表面的总周长；

d——钢筋的换算直径。

$$\sigma_g=\frac{M}{0.87[A_{g0}(h_0+\Delta h)+\beta A_g(h_0+\Delta h+a_1)]} \tag{3-46}$$

$$\beta=\frac{\sigma_s}{R_g} \tag{3-47}$$

式中　σ_g'——新加钢板在使用荷载下的应力，按极限状态计算原理所述方法计算。当 $\sigma_g'>R_g$ 时，$\beta=1$。

$$\mu=\frac{A_{g0}+A_g}{bh_0+(b_1-b)h_1} \tag{3-48}$$

3.3　粘贴纤维材料加固设计方法

3.3.1　基本假定

对原结构进行补强加固时，有以下几项假定：

（1）碳纤维片仅在活载作用下分担一部分承载能力，故可按相应的弹性模量比值，按容许应力法计算其应力状态。

（2）平截面假定：构件弯曲后，其截面仍保持为平面，加固粘贴的碳纤维片材的拉应变 ε_{cf} 仍按平截面假定计算确定，但不应超过碳纤维片材的容许拉应变 $[\varepsilon_{cf}]$。

（3）截面受压混凝土的应力图形可简化为矩形，其压力强度取混凝土的轴心抗压强度设计值 f_{cd}，截面受拉混凝土的抗拉强度不予考虑。

（4）钢筋应力等于钢筋应变与其弹性模量的乘积，但不大于其设计强度值。碳纤维片材的拉应力 σ_f 等于碳纤维片材弹性模量 E_f 与其相应拉应变 ε_f 的乘积。

（5）碳纤维片材的容许拉应变，取 $[\varepsilon_f]=K_m\varepsilon_{fu}$，且不应大于碳纤维片材极限拉应变的 2/3 和 0.01 两者中的较小值。

（6）在达到受弯承载力极限状态前，碳纤维片材与混凝土之间必须粘结可靠，不发生粘结剥离破坏。关于碳纤维材料的容许应力，建议可暂按日本规范取用安全系数 $K=1/3$（长期），$K'=1/2$（短期），即

$[\sigma_f]=3400\text{MPa}/3=1133\text{MPa}$（长期），

$[\sigma_f]=3400\text{MPa}/2=1700\text{MPa}$（短期）

本项验算是在活荷载作用下的应力验算，属于短期加载的情况，即采用 $[\sigma_f]=3400\text{MPa}/2=1700\text{MPa}$。

3.3.2　基本公式

（1）第一阶段应力计算，即粘贴碳纤维前恒载产生的截面弯矩对混凝土及钢筋产生的应力。如图 3-6 所示：

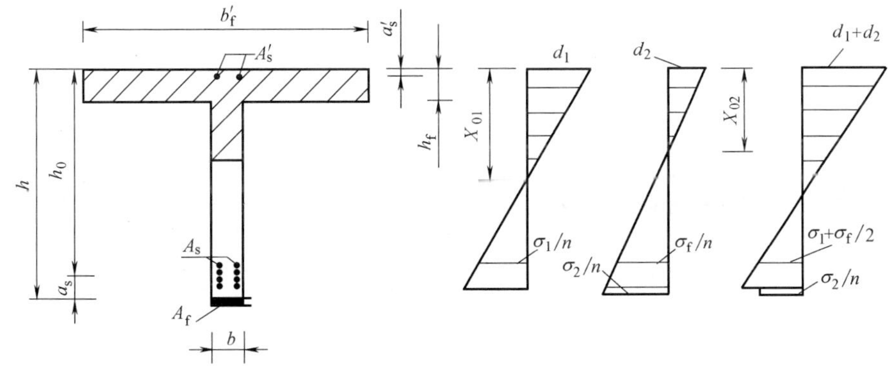

图 3-6　粘贴纤维复合材料加固 T 形截面受弯构件应力计算图示

先按下式计算原梁换算截面受压区高度及惯性矩 X_{01}、I_{01}：

受压区高度：

$$X_{01}=\sqrt{A^2+B}-A \tag{3-49}$$

$$A=[nA_s+(b_f'-b)h_f']/b \tag{3-50}$$

$$B=[2nA_sh_0+(b_f'-b)(h_f')^2]/b \tag{3-51}$$

惯性矩

$$I_{01}=b_f'x_{0i}^3/3-(b_f'-b)(x_{0i}-h_f')^3/3+nA_s(h_0-x_{0i})^2 \tag{3-52}$$

式中　n——钢筋与混凝土的弹性模量比值 E_S/E_C，对 C20 ~ C30，$n=10$；对 C40 ~

C50，$n=8$。

$x \leqslant h_f'$时，T形梁应按宽度为b_f'，$b_f'=b$而高度为h的矩形截面计算；

$x \geqslant h_f'$时，T形梁应考虑梁肋的受压部分，按T形截面计算。

再按下列各式计算材料最大应力：

原截面受压区边缘混凝土应力：

$$\sigma_{c1}' = \frac{M_1}{I_{01}} x_{01} \tag{3-53}$$

原截面受拉区边缘混凝土应力：

$$\sigma_{c1} = \frac{M_1}{I_{01}} (h - x_{01}) \tag{3-54}$$

式中　M_1——第一阶段恒载产生的弯矩。

原受拉钢筋重心处或最外层钢筋应力：

$$\sigma_{s1} = n \frac{M_1}{I_{01}} (h - x_{01}) \tag{3-55}$$

计算最外层钢筋应力时，将h_0换成最外层钢筋重心至混凝土受压边缘的距离。

（2）持久状况承载力极限状态受弯构件正截面承载力计算

粘贴纤维复合材料加固矩形截面或翼缘位于受拉边的T形截面抗弯承载力计算，计算图示如图3-7所示：

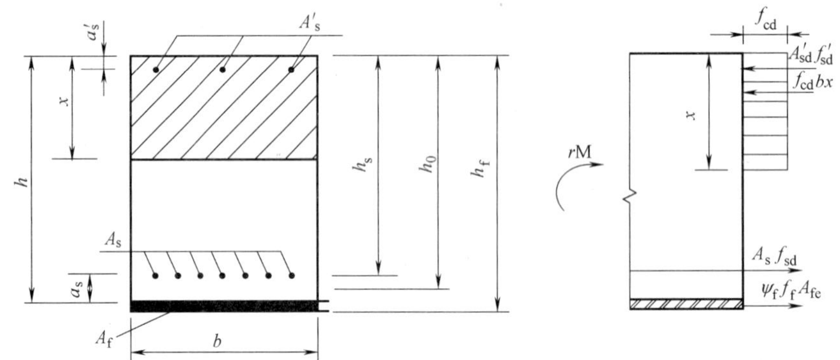

图3-7　粘贴纤维复合材料加固矩形截面受弯构件正截面承载力计算图示

按下式计算截面受压区高度x：

$$f_{cd}bx = f_{sd}A_s + \psi_f f_f A_{fe} - f_{sd}'A_{sd}' \tag{3-56}$$

并满足：$2a_s' \leqslant x \leqslant \xi_b h_0$

正截面承载力按下式计算：

$$\gamma_0 M_d \leqslant f_{cd}bx\left(h - \frac{x}{2}\right) + f_{sd}'A_s'(h - a_s') - f_{sd}A_s(h - h_s) \tag{3-57}$$

$x < 2a_s'$时，正截面承载力按下式计算：

$$\gamma_0 M_d \leqslant A_s f_{sd}(h_s - a_s') + \psi_f f_f A_{fe}(h - a_s') \tag{3-58}$$

式中　ψ_f——考虑纤维复合材料实际抗拉应变达不到设计值而引入的强度利用系数，$0 < \psi_f \leqslant 1$，$\psi_f \geqslant 1$时，取$\psi_f = 1$

由于相对界限受压区高度为：

$$\xi_b = \frac{x}{h} = \frac{0.8\xi_{cu}}{\zeta_{cu} + \psi_f \xi_f + \xi_i} \tag{3-59}$$

可得：
$$\psi_f = [(0.8\xi_{cu}h/x) - \xi_{cu} - \xi_i]/\xi_f \tag{3-60}$$

式中　ξ_f、ξ_i——分别为纤维复合材料的抗拉强度设计值和抗拉应变设计值，ξ_f 等于 ξ_i 与弹性模量设计值 E_f 的乘积。

A_{fe}——纤维复合材料的有效截面面积，$A_{fe} = K_m A_f$，K_m 为纤维复合材料折减系数，按下式计算：

当采用预制型板时，$K_m = 0$

当采用多层粘贴的纤维织物时，按下式计算：

$$K_m = 1.16 - n_f E_f t_f / 308000 \leqslant 0.9 \tag{3-61}$$

式中　n_f、t_f——分别为纤维复合材料层数和单层厚度；

E_f——纤维复合材料弹性模量设计值；

ξ_i 考虑二次受力影响，纤维复合材料的滞后应变，即加固前构件在恒重弯矩作用下，截面受拉边缘混凝土的初始应变可由应力除以混凝土弹性模量计算得到，既 $\xi_i = \sigma_{cl}/E_c$。

（3）粘贴纤维复合材料加固T形截面正截面抗弯承载力计算

如图3-8所示，当条件满足：

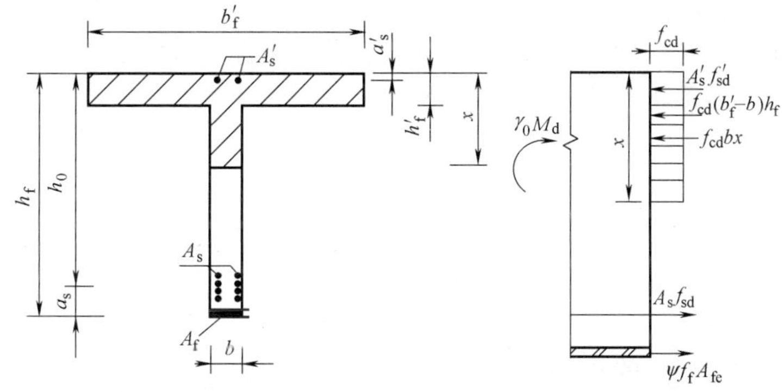

图3-8　粘贴纤维复合材料加固T形截面受弯构件正截面承载力计算图示

$$f_{cd} b'_f h'_f (h - h'_f/2) + f'_{sd} A'_s (h - a'_s) - f_{sd} A_s (h - h_s) \geqslant \gamma_0 M_d \tag{3-62}$$

按梁宽度为 b'_f 的矩形截面计算。

否则要考虑截面腹板受压作用，截面受压区高度 x 由下式计算：

$$f_{cd} bx + f_{cd}(b'_f - b) h'_f = f_{sd} A_s + \psi_f f_f A_{fe} - f'_{sd} A'_s \tag{3-63}$$

同样还应满足：$2a'_s \leqslant x \leqslant \xi_b h_0$

正截面承载力按下式计算：

$$f_{cd} bx\left(h - \frac{x}{2}\right) + f_{cd}(b'_f - b) h'_f (h - h'_f/2) + f'_{sd} A'_s (h - a'_s) - f_{sd} A_s (h - h_s) \geqslant \gamma_0 M_d \tag{3-64}$$

（4）纤维复合材料粘贴长度计算

粘贴纤维长度 L_f 可取裂缝区间总长度 l 加上两端的锚固长度 l_d，即：

$$L_f = 2l_d + l \tag{3-65}$$

$$l_d = \frac{f_f A_f}{\tau_f b_f} + 20 \tag{3-66}$$

τ_f 纤维复合材料与混凝土间的粘结抗剪强度设计值，最好采用原材料与相同等级的混凝土试验测试结果，再除以材料分项系数 1.45，无试验资料时，取值范围在（0.4～0.7）MPa 之间。

当由于构件尺寸限制纤维复合材料的锚固长度 l_d 不满足上述要求时，应在长度范围内均匀设置多道 U 形箍或横向压条。

3.4 增大截面加固设计方法

3.4.1 增大截面加固法

对混凝土构件采用增大截面的方法进行加固是一种非常常用的加固方法，本方法适用于钢筋混凝土和预应力混凝土受弯构件、钢筋混凝土受压构件的加固，以提高受弯构件的抗弯承载力、抗剪承载力和刚度；提高受压构件的正截面承载力和刚度。

在选择此方法进行加固之前，需对原混凝土构件进行检测，原结构混凝土强度等级应满足下列要求：

（1）钢筋混凝土受弯构件不应小于 C20，受压构件不应低于 C15。

（2）预应力混凝土构件不应低于 C30。

3.4.2 受弯构件正截面承载能力计算的基本原则

在采用增大截面法加固受弯构件达到抗弯承载能力极限状态时，正截面极限承载能力计算应采用下述基本假定：

（1）平截面假定；

（2）不考虑混凝土的抗拉强度；

（3）材料应力应变物理关系；

（4）分两阶段受力进行计算。

第一阶段：新浇混凝土层达到强度标准值之前，构件按原构件截面计算，荷载应考虑加固时包括原构件自重在内的混凝土、现浇混凝土层自重及施工荷载。

第二阶段：新浇筑混凝土层达到强度标准值后，构件按加固后整体截面计算，作用（或荷载）应考虑包括加固后构件自重在内的荷载、二期作用的恒载及使用阶段的可变作用。作用效应组合系数取值：恒载的荷载效应分项系数取 1.2；使用阶段的可变作用效应分项系数按《公路桥涵设计通用规范》JTG D60—2015 取用。

在受弯承载能力极限状态下，截面受压边缘混凝土应变达到极限压应变 ε_{cu}。截面受压区混凝土应力按等效矩形应力图形，混凝土抗压强度取原构件混凝土轴心受压强度设计值 f_{cd1}。

构件达到受弯承载能力极限状态时，新增普通钢筋的拉应变 ε_{s2} 按平截面假定确定。新增普通钢筋的拉应力 σ_{s2} 应为钢筋的弹性模量 E_{s2} 与其拉应变 ε_{s2} 的乘积。

3.4.3　钢筋混凝土构件增大截面法加固设计计算方法

1. 矩形截面或翼缘位于受拉边的 T 形截面

在矩形截面或翼缘位于受拉边的 T 形截面钢筋混凝土受弯构件的受拉区进行抗弯加固时，其正截面受弯承载力应按下列公式计算：

$$\gamma_0 M_d \leqslant f_{cd1} bx\left(h_0 - \frac{x}{2}\right) + f'_{sd1} A'_{s1}(h_0 - a'_{s1}) \tag{3-67}$$

混凝土受压区高度应按下式确定：

$$f_{cd1} bx = f_{sd1} A_{s1} - f'_{sd1} A'_{s1} + \sigma_{s2} A_{s2} \tag{3-68}$$

$$\sigma_{s2} = \varepsilon_{s2} E_{s2} \leqslant f \tag{3-69}$$

混凝土受压区高度尚应符合下列条件：

$$2a'_{s1} \leqslant x \leqslant \xi_b h \tag{3-70}$$

式中　γ_0——桥梁结构的重要性系数，按照《公路钢筋混凝土及预应力混凝土桥涵设计规范》JTG D62—2004 规定采用；

M_d——第二阶段弯矩组合设计值；

f_{cd1}——原构件混凝土轴心抗压强度设计值，可根据现场检测强度推算值按照《公路钢筋混凝土及预应力混凝土桥涵设计规范》JTG D62—2004 确定；

f_{sd1}、f'_{sd1}——分别为原构件纵向普通钢筋的抗拉强度设计值和抗压强度设计值；

A_{s1}、A'_{s1}——分别为原构件受拉区和受压区纵向普通钢筋的截面面积；

A_{s2}——新增纵向普通钢筋的截面面积；

b——加固后构件截面宽度；

h_0——加固后截面有效高度，$h_0 = h_2 - a_s$，此处 h_2 为加固后截面全高，a_s 为受拉区纵向普通钢筋 A_{s1} 和 A_{s2} 的合力点至截面受拉区边缘的距离；

x——等效矩形应力图形的混凝土受压高度，简称混凝土受压区高度；

σ_{s2}——新增纵向普通钢筋的拉应力；

E_{s2}——新增纵向普通钢筋的弹性模量；

ε_{s2}——在构件达到承载能力极限状态时，新增纵向普通钢筋的拉应变，按《公路钢筋混凝土及预应力混凝土桥涵设计规范》JTG D62—2004 第 5.2.6 条计算；

f_{sd2}——新增纵向普通钢筋的抗拉强度设计值；

ξ_b——正截面相对界限受压区高度，按原构件混凝土和受拉钢筋强度级别，按照《公路钢筋混凝土及预应力混凝土桥涵设计规范》JTG D62—2004 表 5.2.1 规定选用。

当 $x < 2a'_{s1}$ 时，正截面抗弯承载力按下列公式计算：

$$\gamma_0 M_d \leqslant f_{sd1} A_{s1}(h_{01} - a'_{s1}) + \sigma_{s2} A_{s2}(h_{02} - a'_{s1}) \tag{3-71}$$

式中　h_{01}——原构件截面有效高度，为原构件受拉区纵向普通钢筋 A_{s1} 合力点至截面受压区边缘距离；

h_{02}——新增纵向普通钢筋的合力点至截面受压边缘的距离。

在受拉区采用增大截面加固的钢筋混凝土及预应力混凝土受弯构件达到受弯承载能力极限状态时，新增纵向普通钢筋的拉应变 ε_{s2} 按下列公式计算，

$$\varepsilon_{s2}=\frac{\varepsilon_{cu}(\beta h_{02}-x)}{x}-\frac{\varepsilon_{c1}(h_{02}-x_1)}{x_1} \tag{3-72}$$

$$\varepsilon_{c1}=\frac{M_{d1}}{E_c I_{cr}}x_1 \tag{3-73}$$

式中 M_{d1}——第一阶段弯矩组合设计值；

ε_{cu}——混凝土极限压应变，当混凝土强度等级为 C50 及 C50 以下时，取 $\varepsilon_{cu}=0.0033$；

β——截面受压区矩形应力图高度与实际受压区高度的比值，当混凝土强度等级为 C50 及 C50 以下时，取 $\beta=0.8$；

h_{02}——受拉区新增纵向普通钢筋 A_{s2} 合力点至截面受压区边缘距离；

ε_{c1}——在 M_{d1} 作用下，原构件截面上边缘的混凝土压应变；

x_1——加固前构件开裂截面换算截面的混凝土受压区高度；

I_{cr}——加固前原构件开裂截面换算截面的惯性矩；

E_c——原构件混凝土的弹性模量。

2. 翼缘位于受压区的 T 形钢筋混凝土截面受弯构件

在其受拉区采用增大截面进行抗弯加固后的正截面抗弯承载力应按下列规定计算。

（1）当混凝土受压区高度 $x \leqslant h_f'$ 时，应以宽度为 b_f' 的矩形截面，按上述规范进行计算正截面抗弯承载力。

（2）当混凝土受压区高度 $x > h_f'$ 时，其正截面抗弯承载力应按下列公式计算：

$$\gamma_0 M_d \leqslant f_{cd}\left[b_2 x\left(h_0-\frac{x}{2}\right)+(b_f'-b_2)h_f'\left(h_0-\frac{h_f'}{2}\right)\right] \tag{3-74}$$

混凝土受压区高度应按下式计算，并应满足《公路钢筋混凝土及预应力混凝土桥涵设计规范》JTG D62 的要求：

$$f_{cd}b_2 x+f_{cd}(b_f'-b_2)h_f'=f_{sd1}A_{s1}+\sigma_{s2}A_{s2} \tag{3-75}$$

式中 h_f'——T 形截面受压翼缘厚度；

b_f'——T 形截面受压翼缘的有效宽度，按《公路钢筋混凝土及预应力混凝土桥涵设计规范》JTG D62—2004 采用。

如果采用

钢筋混凝土受弯构件在截面受拉区加固和增大梁肋厚度后，其截面尺寸应满足下列要求：

$$\frac{\gamma_0 V_{d1}}{b_1 h_{01}}+\frac{\gamma_0 V_{d2}}{b_2 h_0}=0.51\times10^{-3}\sqrt{f_{cu,k}} \tag{3-76}$$

式中 V_{d1}——加固时原构件由荷载产生的验算截面处的剪力组合设计值（kN），若封闭桥上交通进行加固，则为恒载作用的剪力组合设计值；

V_{d2}——加固后构件验算截面处由后加恒载、车辆荷载及其他作用产生的剪力组合设计值（kN）；

b_1、b_2——分别为原构件截面宽度和加固后构件宽度（mm）；

h_{01}——原构件相应于建立组合设计值处的截面有效高度（mm）；

h_0——加固后构件相应于建立组合设计值处的截面有效高度，即自原构件截面纵向受拉钢筋和新增纵向受拉钢筋的合力点至截面受压边缘的距离（mm）；

$f_{cu,k}$——原构件混凝土强度等级。

钢筋混凝土受弯构件在截面受拉区加固后，斜截面抗剪承载力按下列公式计算：

$$\gamma_0 V_d \leqslant 0.43\times10^{-3}\alpha_1\alpha_3 b_2 h_0 \psi_{cs}\sqrt{(2+0.6P)\sqrt{f_{cu,k}}\rho_{sv}f_{sv}}+0.75\times10^{-3}f_{sd}A_{sb}+\psi_{vb}V_{d2} \tag{3-77}$$

式中 V_d——加固后构件验算截面处第二阶段剪力组合设计值（kN）；

V_{d2}——加固后由后期恒载、车辆荷载及其他可变荷载作用的剪力组合设计值（kN）；

α_1——异号弯矩影响系数，计算简支梁和连续梁近边支点梁段的抗剪承载力时，$\alpha_1=0.1$；计算连续梁和悬臂梁近中间支点梁段的抗剪承载力时，$\alpha_1=0.9$；

α_3——受压翼缘的影响系数，对矩形截面 $\alpha_3=1.0$；对具有受压翼缘的 T 形或工字形截面，取 $\alpha_3=1.1$；

b_2——加固后梁斜截面顶端正截面处腹板宽度（mm）；

h_0——加固后梁斜截面受压端正截面的有效高度；

ψ_{cs}——与原梁斜裂缝有关的修正系数，加固前未出现斜裂缝，取 $\psi_{cs}=1.0$；斜裂缝宽度小于 0.2mm 时，取 $\psi_{cs}=0.835$；斜裂缝宽度大于 0.2mm 时，取 $\psi_{cs}=0.78$；

P——加固后计算截面斜裂缝范围纵向钢筋的配筋百分率，$P=100\rho$，$\rho=(A_{s1}+A_{s2})/(bh_0)$，$A_{s1}$ 和 A_{s2} 分别为原梁截面纵向钢筋面积和新增纵向钢筋面积，当 $P\geqslant2.5$ 时，取 $P=2.5$；

ρ_{sv}——原梁斜截面内箍筋配筋率，$\rho_{sv}=A_{sv1}/(s_v b_2)$；

S_v——原梁斜截面内箍筋的间距（mm）；

A_{sv1}——原梁斜截面内配置在同一截面的箍筋各肢总截面面积（mm^2）；

A_{sb}——普通弯起钢筋的抗拉强度设计值（MPa）；

f_{sv}——原梁箍筋抗拉强度设计值（MPa）；

f_{sd}——普通弯起钢筋的抗拉强度设计值（MPa）；

ψ_{vb}——修正系数，ψ_{vb} 计算公式为：

$$\psi_{vb}=\frac{0.8A_{sv2}}{A_{sv1}+0.707A_{sb}A_{sv2}} \tag{3-78}$$

A_{sv2}——与斜裂缝相交的同一截面后增箍筋各肢总截面面积。

3.4.4 增大截面法加固预应力钢筋混凝土构件

上述公式全部是针对钢筋混凝土梁而言的，在《公路桥梁加固设计规范》JTG/T

J22—2008 及《混凝土结构加固设计规范》GB 50367—2013 中都未明确规定增大截面法加固预应力混凝土构件的计算方法。因此在计算中首先应明确加固后的目标，可以使加固后构件满足全预应力混凝土或预应力混凝土 A 类的要求，如果梁体病害严重控制截面边缘出现过多、过宽的受拉裂缝也可以将构件的加固目标定位为预应力混凝土 B 类构件。

1. 加固后依然为全预应力混凝土或预应力混凝土 A 类构件

此种情况可以借鉴《公路钢筋混凝土及预应力混凝土桥涵设计规范》JTG D62—2004 第 8. 1. 8 和 8. 1. 9 条的描述进行计算。使用阶段要求不出现裂缝的预应力混凝土组合式受弯构件，其预制构件和组合构件应进行正截面抗裂验算。对组合构件，有关公式中的 σ_{pc} 取预制构件抗裂边缘混凝土的预压应力，f_{tk} 取预制构件混凝土的抗拉强度标准值。作用（或荷载）短期效应组合和长期效应组合下构件抗裂验算边缘混凝土的法向拉应力应按下列公式计算：

（1）预制构件：

$$\sigma_{pc}=\frac{M_{1k}}{W_{01}} \tag{3-79}$$

（2）组合构件：

$$\sigma_{st}=\frac{M_{1Gk}}{W_{01}}+\frac{M_{2S}}{W_0} \tag{3-80}$$

$$\sigma_{lt}=\frac{M_{1Gk}}{W_{01}}+\frac{M_{2l}}{W_0} \tag{3-81}$$

式中 M_{1Gk}——第一阶段荷载产生的弯矩标准值，为第一阶段预制构件和现浇混凝土层自重产生的标准值；

M_{2S}——第二阶段按作用（或荷载）短期效应组合计算的弯矩值，$M_{2S}=M_{2Gk}+\sum\psi_{1i}M_{2Qik}$，此处 M_{2Gk} 为桥面系自重产生的弯矩标准值，M_{2Qik} 为使用阶段第 i 个可变作用（或荷载）产生的弯矩标准值，ψ_{1i} 为第 i 个可变作用（或荷载）的频遇值系数，按《公路桥涵设计通用规范》JTG D60—2015 取值；

M_{2l}——第二阶段按作用（或荷载）长期效应组合计算的弯矩值，$M_{2l}=M_{2Gk}+\sum\psi_{2i}M_{2Qik}$，此处 ψ_{2i} 为汽车和人群荷载的准永久值系数，按《公路桥涵设计通用规范》JTG D60—2015 取值，M_{2Qik} 为汽车和人群荷载产生的弯矩标准值；

W_{01}——预制构件换算截面受拉边缘的弹性抵抗矩；

W_0——组合构件换算截面受拉边缘的弹性抵抗矩，当现浇混凝土层的强度等级与预制构件不同时，计算时应将前者的截面按弹性模量比换算成后者的截面。

预应力混凝土组合式受弯构件，也应对全预应力混凝土构件、预应力混凝土 A 类构件的要求进行斜截面抗裂验算，混凝土主拉应力应考虑组合构件受力特点，按照《公路钢筋混凝土及预应力混凝土桥涵设计规范》JTG D62—2004 中第 6. 3. 3 条的规定计算。

2. 加固后为预应力混凝土 B 类构件

如果全预应力混凝土或部分预应力混凝土 A 类构件设计，经多年使用后，也由于种种原因使控制截面边缘出现过多、过宽的受拉裂缝，可以将构件按照预应力混凝土 B 类构件进行加固。按照《公路钢筋混凝土及预应力混凝土桥涵设计规范》JTG D62—2004 中要求，对于 B 类构件需满足斜截面抗裂性能要求，在作用（或荷载）短期效应组合下对于预制构件：$\sigma_{tp}=0.7f_{tk}$；而对于现场浇筑（包括预制拼装）构件，$\sigma_{tp}=0.5f_{tk}$；式中 σ_{tp}为由作用（或荷载）短期效应组合和预加力产生的混凝土主拉应力，f_{tk}为混凝土的抗拉强度标准值。

虽然规范中明确指出了 B 类构件不能出现斜截面主拉应力超标的要求，但是在加固中构件很难达到此要求。因为斜裂缝同正截面裂缝有所不同，斜裂缝是不可闭合的，一旦开裂就不能再满足设计规范的要求。因此对于加固后定位为 B 类的构件，只考虑斜截面满足极限承载能力要求即可，不再验算斜截面抗裂性能。而对正截面需要验算截面应力。验算方法可以按照新构件的思路进行，但是需考虑由于增大截面之后截面的变化，以及由于分阶段受力而产生的计算特点。具体计算可以按照下列方法进行。

第一阶段应力计算，即加固前原构件在有效预加力及恒载等作用下对截面混凝土及钢筋产生的应力。该阶段假设构件在加固前在恒载及预加力作用下截面未开裂。原截面受压边缘混凝土应力：

$$\sigma'_{pc1}=\frac{N_{pe}}{A_n}-\frac{N_{pe}e_{pn}}{I_n}y_1+\frac{M_{G1}}{I_n}y_1\pm\frac{M_{p2}}{I_n}y_1+\frac{M_{G2}}{I_0}y'_0 \tag{3-82}$$

原截面受拉边缘混凝土应力：

$$\sigma_{pc1}=\frac{N_{pe}}{A_n}+\frac{N_{pe}e_{pn}}{I_n}y_2-\frac{M_{G1}}{I_n}y_1\pm\frac{M_{p2}}{I_n}y_2-\frac{M_{G2}}{I_0}y_0 \tag{3-83}$$

原截面受拉区预应力钢筋重心处应力：

$$\sigma_{p01}=-\sigma_{pe}-\alpha_{ep}\left(\frac{M_{G1}}{I_n}y_p\pm\frac{M_{p2}}{I_n}y_p+\frac{M_{G2}}{I_0}y_{p0}\right) \tag{3-84}$$

截面受压区预应力钢筋重心处应力：

$$\sigma'_{p01}=-\sigma'_{pe}+\alpha_{ep}\left(\frac{M_{G1}}{I_n}y'_p\pm\frac{M_{p2}}{I_n}y'_p+\frac{M_{G2}}{I_0}y'_{p0}\right) \tag{3-85}$$

截面受拉区普通受力钢筋重心处应力：

$$\sigma_{s1}=\alpha_{EP}\left[\frac{N_{pe}}{A_n}+\frac{N_{pe}e_{pn}}{I_n}(y_2-a_s)-\frac{M_{G1}}{I_n}(y_2-a_s)\pm\frac{M_{p2}}{I_n}(y_2-a_s)-\frac{M_{G2}}{I_0}(y_0-a_s)\right] \tag{3-86}$$

截面受压区普通受力钢筋重心处应力：

$$\sigma'_{s1}=\alpha_{EP}\left[\frac{N_{pe}}{A_n}-\frac{N_{pe}e_{pn}}{I_n}(y_1-a'_s)+\frac{M_{G1}}{I_n}(y_1-a'_s)\pm\frac{M_{p2}}{I_n}(y_2-a'_s)-\frac{M_{G2}}{I_0}(y'_0-a'_s)\right] \tag{3-87}$$

新增截面受拉区新增钢筋重心处应力增量：

$$\sigma_{sn1}=-\alpha_{EP}\frac{M_{G2}}{I_{01}}(Y_{02}-a_{sn}) \tag{3-88}$$

新增截面受压区新增钢筋重心处应力增量：

$$\sigma'_{\text{sn1}} = \alpha_{\text{EP}} \frac{M_{\text{G2}}}{I_{01}} (Y_{02} - a'_{\text{sn}}) \tag{3-89}$$

新增截面受拉边缘（新增混凝土层外边缘）混凝土应力增量：

$$\sigma_{\text{cn1}} = -\frac{M_{\text{G2}}}{I_{01}} Y_{02} \tag{3-90}$$

新增截面受拉边新增混凝土层内边缘混凝土应力增量：

$$\sigma_{\text{cm1}} = -\frac{M_{\text{G2}}}{I_{01}} (Y_{02} - h_2) \tag{3-91}$$

新增截面受拉边缘（新增混凝土层外边缘）混凝土应力增量：

$$\sigma_{\text{cn1}} = -\frac{M_{\text{G2}}}{I_{01}} Y_{02} \tag{3-92}$$

新增截面受拉边新增混凝土层内边缘混凝土应力增量：

$$\sigma_{\text{cm1}} = -\frac{M_{\text{G2}}}{I_{01}} (Y_{02} - h_2) \tag{3-93}$$

新增截面受压边缘（新增混凝土层外边缘）混凝土应力增量：

$$\sigma'_{\text{cn1}} = \frac{M_{\text{G2}}}{I_{01}} Y_{01} \tag{3-94}$$

新增截面受压边新增混凝土层内边缘混凝土应力增量：

$$\sigma'_{\text{cm1}} = \frac{M_{\text{G2}}}{I_{01}} (Y_{01} - h_1) \tag{3-95}$$

以上应力以压为正，拉为负。

式中 σ'_{pc1}，σ_{pc1}——分别指截面受压边缘和受拉边缘的应力；

σ'_{p01}，σ_{p01}——分别指截面受压区和受拉区预应力钢筋重心处的应力；

σ'_{s1}，σ_{s1}——分别指截面受压区和受拉区普通受力钢筋重心处的应力；

σ'_{pe}，σ_{pe}——分别指截面受压区和受拉区预应力钢筋重心处的平均有效预应力；

N_{pe}——预应力钢筋的有效预加力，不计混凝土收缩、徐变影响，按下式计算：$N_{\text{pe}} = \sigma_{\text{pe}} A_{\text{p}} + \sigma'_{\text{pe}} A'_{\text{p}}$；

e_{pn}——预应力钢筋的合力点至净截面重心轴的距离，按下式计算：

$$e_{\text{pn}} = \frac{\sigma_{\text{pe}} A_{\text{p}} y_{\text{p}} - \sigma' A'_{\text{pe}} y'_{\text{p}}}{N_{\text{pe}}} \tag{3-96}$$

A_{p}、A'_{p}——分别为截面受拉区、受压区预应力钢筋的截面面积；

y_{p}、y'_{p}——分别为截面受拉区、受压区预应力钢筋合力点至净截面重心轴的距离；

y_1、y_2——分别为截面受压边缘、受拉边缘至净截面重心轴的距离；

A_{n}、I_{n}——分别为后张法构件的净截面面积和惯性矩。先张法构件时，应改为 A_0、I_0；

M_{G1}——加固前的恒载对计算截面产生的弯矩；

M_{p2}——由预加力在后张法超静定结构中对计算截面产生的次弯矩，根据弯矩的方向选取正、负号；

M_{G2}——加固前的恒载对计算截面产生的弯矩；

A_0、I_0——原构件截面预应力钢筋和普通受力钢筋及混凝土的换算截面面积及惯性矩；

y_0、y'_0——分别为构件换算截面重心轴至截面受拉、受压边缘的距离；

y_{p0}、y'_{p0}——分别为截面受拉区、受压区预应力钢筋合力点至原构件换算截面重心轴的距离；

α_{EP}——普通受力钢筋与混凝土的弹性模量之比；

h_s——普通受力钢筋截面重心至截面受压边缘的距离；

h——加固前的截面高度。

以上所说的净面积是指扣除预应力筋孔道截面积后的混凝土截面与纵向普通受力钢筋截面积共同形成的换算截面。如果是先张法构件，则应是再计入预应力钢筋后的全部材料的换算面积。

第二阶段全消压阶段：

部分预应力混凝土梁截面开裂后的应力状态，与钢筋混凝土大偏心受压很相似。但应该注意到，当外力为零时，钢筋混凝土大偏心受压构件截面混凝土应力均等于零（称为“零应力”状态）。钢筋混凝土大偏心受压构件截面开裂后，可以用钢筋混凝土结构在使用荷载阶段的有关公式求解钢筋应力与混凝土应力。B 类预应力混凝土受弯构件截面上由作用产生弯矩 M_k，虽然可以用等效的偏心压力来代替，但是偏心压力所产生的应力效应，并不能直接用上述钢筋混凝土大偏心受压构件求解应力的方法来求解，这是因为部分预应力混凝土构件尚存在着预加力的作用，所以，即使截面上没有作用（荷载效应），但是由于预加力的作用，梁的截面上已经存在着由预加力引起的混凝土正应力。鉴于钢筋混凝土大偏心受压构件求解截面应力的公式是在“零应力”状态下建立的，如果能把这个预加力引起的截面应力的特点加以考虑，从计算方法上进行某些处理，将截面上由预加力引起的混凝土压应力退压成“零应力”状态，暂时先消除预加力的影响，就可以借助钢筋混凝土大偏心受压构件的计算方法来求解截面上钢筋和混凝土的应力。预应力混凝土受弯构件开裂截面的应力计算，就是把作用弯矩 M_k 和预应力钢筋及非预应力钢筋合力 N_P 共同作用下的受弯构件，转化为轴向力作用点距截面重心轴 e_{0N} 的钢筋混凝土偏心受压构件进行计算。对后张法预应力连续梁等超静定结构，上述外弯矩 M_k 还应计入由预加力引起的次弯矩 M_{P2}。

在虚拟作用下，全截面消压，即构件截面各点的混凝土的应变恰好为零。为了使截面完全达到消压状态，必须对截面施加一个拉力 N_{p0}（又称为虚拟荷载），使之消除混凝土的预压应力。混凝土消压后，在受拉区和受压区预应力钢筋重心处混凝土应变值分别由 ε_{pc1} 和 ε'_{pc1} 变化为零时，受拉区和受压区预应力钢筋应变增量为 $(-\varepsilon_{p2})$ 和 $(-\varepsilon'_{p2})$，其绝对值等于其重心处对应的混凝土应变 ε_{pc} 和 ε'_{pc}。故受拉区和受压区预应力钢筋的拉应力增量为：

$$\sigma_{p2} = E_p \cdot (-\varepsilon_{p2}) = -\alpha_{EP}\sigma_{pc1} \tag{3-97}$$

$$\sigma'_{p2} = E_p \cdot (-\varepsilon'_{p2}) = -\alpha_{EP}\sigma'_{pc1} \tag{3-98}$$

这里假定受拉和受压区预应力钢筋为同一类钢筋，同时 $\alpha_{EP}=E_p/E_c$。规定应力符号以拉为负，压为正，在全消压状态下，受压区和受拉区预应力钢筋的总拉应力 σ_{p0}、σ'_{p0}分别为：

$$\sigma_{p0}=-\sigma_{pe}-\alpha_{EP}\left(\frac{M_{G1}}{I_n}y_n\pm\frac{M_{p2}}{I_n}y_n+\frac{M_{G2}}{I_0}y_{p0}\right)-\alpha_{EP}\left(\frac{N_{p0}}{A_{01}}-\frac{N_{p0}e_{p1}}{W_{0p}}\right) \tag{3-99}$$

$$\sigma'_{p0}=-\sigma_{pe}+\alpha_{EP}\left(\frac{M_{G1}}{I_n}y_n\pm\frac{M_{p2}}{I_n}y_n+\frac{M_{G2}}{I_0}y_{p0}\right)-\alpha_{EP}\left(\frac{N_{p0}}{A_{01}}+\frac{N_{p0}e_{p1}}{W_{0p}}\right) \tag{3-100}$$

消压状态下原结构中的原配普通受力钢筋中的应变消失。

新增材料在消压荷载作用下的应力增量按照下式计算：

截面受拉区新增钢筋重心处应力增量：

$$\sigma_{sn2}=-\alpha_{EP}\left[\frac{N_{p0}}{A_{01}}-\frac{N_{p0}e_{p1}}{I_{01}}(Y_{02}-a_{sn})\right] \tag{3-101}$$

截面受压区新增钢筋重心处应力增量：

$$\sigma'_{sn2}=-\alpha_{EP}\left[\frac{N_{p0}}{A_{01}}+\frac{N_{p0}e_{p1}}{I_{01}}(Y_{02}-a'_{sn})\right] \tag{3-102}$$

截面受拉边缘（新增混凝土层外边缘）混凝土应力增量：

$$\sigma_{cn2}=-\left(\frac{N_{p0}}{A_{01}}-\frac{N_{p0}e_{p1}}{I_{01}}Y_{02}\right) \tag{3-103}$$

截面受拉边新增混凝土层内边缘混凝土应力增量：

$$\sigma_{cm2}=-\left[\frac{N_{p1}}{A_{01}}-\frac{N_{p0}e_{p1}}{I_{01}}(Y_{02}-h_2)\right] \tag{3-104}$$

截面受拉边缘（新增混凝土层外边缘）混凝土应力增量：

$$\sigma_{cn2}=-\left(\frac{N_{p0}}{A_{01}}-\frac{N_{p0}e_{p1}}{I_{01}}Y_{02}\right) \tag{3-105}$$

截面受拉边新增混凝土层内边缘混凝土应力增量：

$$\sigma_{cm2}=-\left[\frac{N_{p1}}{A_{01}}-\frac{N_{p0}e_{p1}}{I_{01}}(Y_{02}-h_2)\right] \tag{3-106}$$

截面受压边缘（新增混凝土层外边缘）混凝土应力增量：

$$\sigma'_{cn2}=-\left(\frac{N_{p0}}{A_{01}}+\frac{N_{p0}e_{p1}}{I_{01}}Y_{01}\right) \tag{3-107}$$

截面受拉边新增混凝土层内边缘混凝土应力增量：

$$\sigma'_{cm2}=-\left[\frac{N_{p0}}{A_{01}}+\frac{N_{p0}e_{p1}}{I_{01}}(Y_{01}-h_1)\right] \tag{3-108}$$

算出以上消压荷载作用下的各材料应力增量，目的是为了计算恒载消压状态下的虚拟荷载，也就是使原构件截面全部消压时，加固构件截面上的总合力。

新增混凝土合力分为三部分计算；受压边新增混凝土层、受拉边新增混凝土层及两侧（或腹板）新增混凝土层。其中受压边及受拉边的新增混凝土层的合力重心近似取在 $h_1/2$ 及 $h_2/2$ 处。

截面受压边新增混凝土层的合力及其至加固后换算截面重心轴的距离：

$$N_{c1}=\frac{1}{2}(\sigma'_{cn2}+\sigma'_{cm2})h_1 b'_{f0} \tag{3-109}$$

$$e_{c1}=Y_{01}-h_1/2 \tag{3-110}$$

截面受拉边新增混凝土层的合力及其至加固后换算截面重心轴的距离：

$$N_{c2}=\frac{1}{2}(\sigma_{cn2}+\sigma_{cm2})h_2 b_{f0} \tag{3-111}$$

$$e_{c2}=Y_{02}-h_2/2 \tag{3-112}$$

因此虚拟轴向力 N_{01} 及虚拟偏心距 e_{01}：

$$N_{01}=N_{p0}+N_{sn}+N'_{sn}+N_{c1}+N_{c2}=\sigma_{p0}A_p+\sigma'_{p0}A'_p+\sigma_{sn2}A_{sn}+\sigma'_{sn2}A'_{sn}+N_{c1}+N_{c2}$$

$$e_{01}=\frac{N_{p0}e_{p0}+N_{sn}e_{sn}+N'_{sn}e'_{sn}+N_{c1}e_{c1}+N_{c2}e_{c2}}{N_{01}} \tag{3-113}$$

式中　e_{sn}——截面受拉边新增钢筋合力点至换算截面重心轴的距离，$e_{sn}=Y_{02}-a_{sn}$

e'_{sn}——截面受压边新增钢筋合力点至换算截面重心轴的距离，$e'_{sn}=Y_{02}-a'_{sn}$

N_{sn}——截面受拉边新增钢筋合力；

N'_{sn}——截面受压边新增钢筋合力；

a_{sn}，a'_{sn}——分别为截面受拉边、受压边新增钢筋截面重心至截面近边缘的距离；

N_{p0}——预应力钢筋中的总拉力，当截面受压区配有预应力筋时，也应计入；

e_{p0}——预应力钢筋合力点至加固后的换算截面重心轴的距离。

第三阶段，即在活载、后加恒载及虚拟荷载反力作用下，产生的截面各材料应力，对于开裂后换算截面受压区高度 x 按下式计算：

$$A=b_0 \tag{3-114}$$

$$B=3b_0 g \tag{3-115}$$

$$C=3(b'_{f0}-b_0)h'_{fn}(2g+h'_{fn})+6\alpha_{ep}(A_p g_p+A'_p g'_p)+6\alpha_{ep}(A_s g_s+A_{sn}g_{sn}+A'_{sn}g'_{sn})$$

$$D=-(b'_{f0}-b_0)h'^{2}_{fn}(3g+2h'_{fn})-6\alpha_{ep}(A_p h_p g_p+A'_p h'_p g'_p)-6\alpha_{ep}(A_s h_s g_s+A_{sn}h_{sn}g_{sn}+A'_s h'_s g'_s+A'_{sn}a'_{sn}g'_{sn}) \tag{3-116}$$

增大截面后受压边缘混凝土应力：

$$\sigma'_{cn3}=\frac{Nx}{S_0} \tag{3-117}$$

式中　S_0——增大截面后换算截面对中性轴的静矩，按下式计算：

$$S_0=\frac{1}{2}b'_{f0}x^2-\frac{1}{2}(x-h'_{fn})^2(b'_{f0}-b_0)+\alpha_{EP}A'_p(x-h'_p)+\alpha_{EP}A'_s(x-h'_s)+\alpha_{EP}A'_{sn}(x-a'_{sn})-\alpha_{EP}A_p(h_p-x)-\alpha_{EP}A_s(h_s-x)-\alpha_{EP}A_{sn}(h_{sn}-x) \tag{3-118}$$

截面受压区原截面旧混凝土边缘混凝土应力：

$$\sigma'_{cm3}=\sigma'_{cn3}\frac{x-h_1}{x} \tag{3-119}$$

截面受压区新增普通钢筋重心处应力：

$$\sigma'_{sn3}=\alpha_{EP}\sigma'_{cn3}\frac{x-a'_{sn}}{x} \tag{3-120}$$

截面受压区原普通钢筋重心处应力：

$$\sigma'_{s3}=\alpha_{EP}\sigma'_{cn3}\frac{x-h'_{s}}{x} \tag{3-121}$$

截面受压区预应力钢筋重心处应力：

$$\sigma'_{p3}=\alpha_{EP}\sigma'_{cn3}\frac{x-h'_{p}}{x} \tag{3-122}$$

截面受拉边缘混凝土应力：

$$\sigma_{cn3}=\sigma'_{cn3}\frac{H-x}{x} \tag{3-123}$$

截面受拉区新增普通钢筋重心处应力：

$$\sigma_{sn3}=\alpha_{EP}\sigma'_{cn3}\frac{h_{sn}-x}{x} \tag{3-124}$$

截面受拉区原普通钢筋重心处应力：

$$\sigma_{s3}=\alpha_{EP}\sigma'_{cn3}\frac{h_{sn}-x}{x} \tag{3-125}$$

截面受拉区预应力钢筋重心处应力：

$$\sigma_{p3}=\alpha_{EP}\sigma'_{cn3}\frac{h_{sn}-x}{x} \tag{3-126}$$

验算混凝土及钢筋的最终应力：

截面受压边缘混凝土应力：

$$\sigma'_{c}=\sigma'_{cn2}+\sigma'_{cn3}\leqslant 0.5f_{ck} \tag{3-127}$$

截面受压区新增混凝土截面下边缘混凝土应力：

$$\sigma'_{cm}=\sigma'_{cm3}\leqslant 0.5f_{ck} \tag{3-128}$$

截面受拉区新增普通钢筋重心处应力：

$$\sigma_{sn}=\sigma_{sn2}+\sigma_{sn3}\leqslant[\sigma_{s}]=0.66f_{sd} \tag{3-129}$$

截面受拉区预应力钢筋重心处应力：

$\sigma_{p}=\sigma_{p1}+\sigma_{p2}+\sigma_{p3}\leqslant 0.65f_{pk}$（钢绞线、钢丝），精轧螺纹钢筋时取$0.8f_{pk}$。

承载能力计算：

增大截面加固I形（箱形）截面或翼缘位于受压区的T形截面受弯构件，其正截面抗弯承载力应分第一类T形截面和第二类T形截面分别进行计算。

1）当满足$f_{sd1}A_{s1}+f_{pd}A_{p}+\sigma_{s2}A_{s2}\leqslant f_{cd}bx+f'_{sd}A'_{s}+(f'_{pd}-\sigma'_{p0})A'_{p}$时，应以宽度为$b'_{f}$的矩形截面，按下列公式计算正截面抗弯承载能力。

$$\gamma_{0}M_{d}\leqslant f_{cd}bx\left(h_{0}-\frac{x}{2}\right)+f'_{sd}A'_{s}(h_{0}-a'_{s})+(f'_{pd}-\sigma'_{p0})A'_{p} \tag{3-130}$$

截面受压区高度应符合下列要求：

$$x\leqslant\xi_{b}h_{0} \tag{3-131}$$

当受压区配有纵向普通钢筋和预应力钢筋，且预应力钢筋受压即$(f'_{pd}-\sigma'_{p0})$为正时：

$$x\geqslant 2a' \tag{3-132}$$

当受压区仅配纵向普通钢筋或配普通钢筋和预应力钢筋，且预应力钢筋受拉即$(f'_{pd}-\sigma'_{p0})$为正时：

$$x \geqslant 2a'_{s} \tag{3-133}$$

当混凝土受压区高度 $x \leqslant h'_{f}$，混凝土受压区高度应按下式确定：

$$f_{sd1}A_{s1} + f_{pd}A_{p} + \sigma_{s2}A_{s2} = f_{cd}bx + f'_{sd}A'_{s} + (f'_{pd} - \sigma'_{p0})A'_{p} \tag{3-134}$$

2）当不符合公式的条件时，计算中应考虑截面腹板受压的作用，其正截面抗弯承载能力应按下列规定计算：

$$\gamma_0 M_d \leqslant f_{cd}\left[bx\left(h_0 - \frac{x}{2}\right) + (b'_f - b)h'_f\left(h_0 - \frac{h'_f}{2}\right)\right] + f'_{sd}A'_s(h_0 - a'_s) + (f'_{pd} - \sigma'_{p0})A_p(h_0 - a'_p) \tag{3-135}$$

此时，受压区高度 x 应按下列公式计算，并应符合上述要求。

$$f_{sd1}A_{s1} + f_{pd}A_{p} + \sigma_{s2}A_{s2} = f_{cd}[bx + (b'_f - b)h'_f] + f'_{sd}A'_{s} + (f'_{pd} - \sigma'_{p0})A'_{p} \tag{3-136}$$

式中　b'_f——T 形截面受压翼缘厚度；

h'_f——T 形截面受压翼缘的有效宽度。

在受压区增设现浇混凝土加厚层的梁，需满足如下构造条件：

（1）新浇混凝土强度级别宜比原构件混凝土强度提高一级，且不低于 C25。

（2）新浇混凝土层的最小厚度，对板不宜小于 100mm，对梁和受压构件不宜小于 150mm。

（3）当新浇混凝土层厚度小于 100mm 时，可采用小石子混凝土或喷射高性能抗拉复合砂浆。在结构尺寸复杂和新浇混凝土施工条件差的情况下，可采用微膨胀或自密实混凝土。

（4）新增钢筋应按现行《公路钢筋混凝土及预应力混凝土桥涵设计规范》JTG D62—2004 要求进行设置，并应符合下列规定：

① 当用单侧或双侧加固时，应设置 U 形箍筋或封闭式箍筋并与原构件牢固连接。

② 新老混凝土结合面处，原构件的表面应凿成凹凸差不小于 6mm 的粗糙面。

3.5　体外预应力加固设计方法

3.5.1　加固受弯构件正截面承载力的计算方法

体外预应力混凝土受弯构件正截面承载力计算与有粘结预应力混凝土梁的区别在于体外预应力筋在外荷载作用下的应力增量需要对整个结构进行分析，而不仅仅是对单个截面进行受力分析；另一个重要原因就是二次效应的存在。正截面承载能力计算时，体外预应力筋极限应力采用上述推荐公式进行计算，忽略二次效应影响后，抗弯承载力计算假设如下：

（1）在极限状态下，加固梁仍为适筋梁破坏，受拉区混凝土退出工作，全部拉力由原梁中预应力钢筋或普通钢筋与体外索共同承担；

（2）受压区混凝土的应力分布按矩形应力图考虑，其应力大小取为混凝土抗压强度设计值 f_{cd}，混凝土的极限压应变取为 $\xi_{cu} = 0.0033$；

（3）原混凝土梁中普通钢筋或预应力钢筋的应力分别达到其抗拉强度设计值 f_{sd}

或f_{pd}；

（4）体外索水平筋（束）在极限状态下的应力达到其极限应力$\sigma_{pu,e}$。

体外索加固梁的正截面抗弯承载力可按如下方法计算，计算图式如图3-9所示

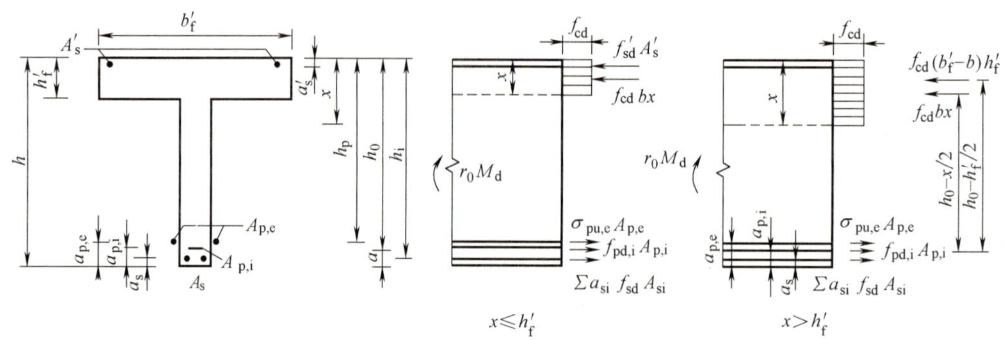

图3-9　T形截面梁正截面抗弯承载力计算图式

加固结构抗弯承载力计算时应根据截面形状和中性轴的位置分两种情况考虑。

（a）对于矩形截面或中性轴位于T形或I形截面翼板内的情况（$x<h'_f$）

$$f_{cd}b'_fx+f'_{sd}A'_s=\sigma_{pu,e}A_{p,e}+f_{pd,i}A_{p,i}+\sum a_{si}A_{si}f_{sd} \tag{3-137}$$

$$\gamma_0M_d\leqslant f_{cd}b'_fx\left(h_0-\frac{x}{2}\right) \tag{3-138}$$

（b）对于T形或I形截面且中性轴位于截面腹板内的情况（$x>h'_f$）

$$f_{cd}bx+f_{cd}(b'_f-b)h'_f+f'_{sd}A'_s=\sigma_{pu,e}A_{p,e}+f_{pd,i}A_{p,i}+\sum a_{si}f_{sd}A_{si} \tag{3-139}$$

$$\gamma_0M_d\leqslant f_{cd}bx\left(h_0-\frac{x}{2}\right)+f_{cd}(b'_f-b)h'_f\left(h_0-\frac{h'_f}{2}\right)+f'_{sd}A'_s(h_0-a'_s) \tag{3-140}$$

为确保加固后的混凝土梁仍为塑性破坏，上述公式中的截面受压区高度x应满足下列条件：

$$x\leqslant\xi_bh_s\ \text{或}\ x\leqslant\xi_bh_p \tag{3-141}$$

$$x\geqslant2a'_s \tag{3-142}$$

式中　γ_0——结构重要性系数；

M_d——计算截面弯矩的组合设计值；

$A_{p,e}$——体外预应力钢束的截面面积；

$\sigma_{pu,e}$——体外预应力筋（束）的极限应力设计值；

$A_{p,i}$——原梁体内预应力筋的截面面积；

$f_{pd,i}$——原梁体内预应力筋的抗拉强度设计值。

3.6　锚固块设计计算方法

由于体外预应力桥梁的体外预应力筋只在锚固位置和转向块位置与结构相连，锚固区域受到很大的局部压力，截面应力分布不均匀，这一区域的混凝土处于三向受力状态，为了防止在施加张拉力的过程中，产生过大的应力集中，造成锚固区拉裂破坏，锚固体系不仅要承担力的传递，还需将可能产生的集中应力分散传递到锚

下混凝土结构中。锚固区的破坏模式主要以压坏或拉坏为主，有时也会出现剪坏的情况。

根据体外索的锚固方式和锚固荷载的不同，体外索的锚固一般有三种类型主要锚固在横梁上，个别锚固在腹板与顶板或底板内角处的凸块上，极个别锚固在顶板或底板上。锚固块一般是钢筋混凝土结构，但随着快速施工的流行，预应力钢束强度的提高和桥梁轻型化的发展，钢箱锚固块应用也会越来越多。

（1）锚固结构的设计应尽量使结构受力明确；

（2）尽量减少体外预应力束预留构造对结构削弱的影响；

（3）体外预应力结构在锚固区受到很大的局部压力，为了保证混凝土的强度需要在锚固点和附近的桥面板，底板、腹板尽量加固；

（4）锚块的尺寸应由锚具的尺寸、锚具的布置、张拉设备的尺寸和局部承压要求来决定，必要时应加大锚块的尺寸。

我国《公路钢筋混凝土及预应力混凝土桥涵设计规范》JTG D62—2004 为防止局部受压区配置过多的间接钢筋，在极限荷载作用下局部承压区产生过大的受压变形，规定对配有间接钢筋的混凝土构件，其局部受压区的截面尺寸应满足下列要求：

$$\gamma_0 F_{ld} \leqslant 1.3\eta_s \beta f_{cd} A_{ln} \tag{3-143}$$

$$\beta = \sqrt{\frac{A_b}{A_l}} \tag{3-144}$$

式中　γ_0——桥梁结构的重要性系数，按上述规范第 5.1.5 条的规定采用；

F_{ld}——局部受压面积上的局部压力设计值，对后张法构件的锚头局压区，应取 1.2 倍张拉时的最大压力；

f_{cd}——混凝土轴心抗压强度设计值，对后张法预应力混凝土构件，应根据张拉时混凝土立方体抗压强度采用；

η_s——混凝土局部承压修正系数；

β——混凝土局部承压强度提高系数；

A_b——局部受压时的计算底面积；

A_{ln}、A_l——混凝土局部受压面积，当局部受压面有孔洞时，A_{ln} 为扣除孔洞后的面积，A_l 为不扣除孔洞面积。

对配置间接钢筋的局部受压构件，规定其局部抗压承载力为：

$$\gamma_0 F_{ld} \leqslant 0.9(\eta_s \beta f_{cd} + k\rho_v \beta_{cor} f_{sd}) A_{ln} \tag{3-145}$$

第4章 T形梁桥加固设计计算方法步骤及工程实例

本章介绍了T形梁桥加固设计计算方法步骤，从斜截面、正截面承载能力、体外预应力索锚固装置、横隔板承载能力等几方面进行研究。本文结合工程实例，针对病害较为严重的40mT形梁加固方案进行了详细的计算和方案比选，本着安全、可行、经济的原则，最终确定加固方案，并选编了部分加固图纸作为参考。

4.1 对斜截面承载能力的加固设计计算方法

4.1.1 粘贴钢板的方法计算

方案一拟在T形梁剪力较大区段腹板两侧锚粘钢板进行斜截面承载能力的加固，加固示意图如图4-1所示。

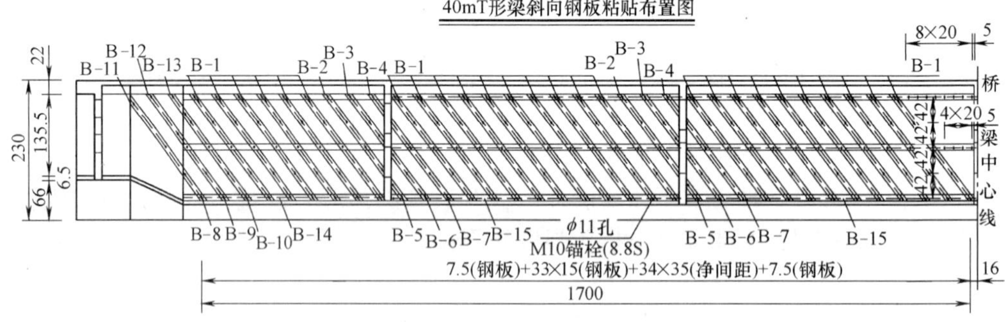

图4-1 T形梁腹板锚粘钢板加固示意图

受弯构件加固后的斜截面应满足下列条件：

$$\gamma_0 V_d \leqslant 0.51 \times 10^{-3} \sqrt{f_{cu,k}} b h_0 \tag{4-1}$$

式中 V_d——加固后构件验算截面处的第二阶段剪力设计组合值（kN）；

γ_0——桥梁结构的重要系数，按照现行《公路钢筋混凝土及预应力混凝土桥涵设计规范》JTG D62—2004规定采用；

$f_{cu,k}$——原构件混凝土强度等级；

b——原构件截面宽度（mm）；

h_0——原构件截面有效高度（mm）。

采用加锚箍、竖直粘贴的各种U形箍、L形箍或斜向钢板对钢筋混凝土梁进行抗剪加固时，其斜截面承载力按下列公式计算：

$$\gamma_0 V_d \leqslant 0.43 \times 10^{-3} \alpha_1 \alpha_3 b_2 h_0 \varphi_{cs} \sqrt{(2+0.6P)\sqrt{f_{cu,k}}\rho_{sv} f_{sv}} + 0.75 \times 10^{-3} f_{sd} A_{sb} + \varphi_{vb} V_{d2} \tag{4-2}$$

式中　V_d——加固后构件验算截面处第二阶段剪力组合设计值（kN）；

V_{d2}——加固后由后期恒载、车辆荷载及其他可变荷载作用的剪力组合设计值（kN）；

α_1——异号弯矩影响系数，计算简支梁和连续梁近边支点梁段的抗剪承载力时，$\alpha_1=1.0$；计算连续梁和悬臂梁近中间支点梁段的抗剪承载力时，$\alpha_1=0.9$；

α_3——受压翼缘的影响系数，对矩形截面 $\alpha_3=1.0$；对具有受压翼缘的 T 形或工字形截面，取 $\alpha_3=1.1$；

b_2——加固后梁斜截面顶端正截面处腹板宽度（mm）；

h_0——加固后梁斜截面受压端正截面的有效高度（mm），$h_0=h_2-a_s$，此处 h_2 为加固后的截面全高，a_s 为受拉区纵向普通钢筋 A_{s1} 和 A_{s2} 的合力点至截面受拉区边缘的距离；

φ_{cs}——与原梁斜裂缝有关的修正系数，加固前未出现斜裂缝时，取 $\varphi_{cs}=1.0$；斜裂缝宽度小于 0.2mm 时，取 $\varphi_{cs}=0.835$；斜裂缝宽度大于 0.2mm 时，取 $\varphi_{cs}=0.78$；

P——加固后计算截面斜裂缝范围纵向钢筋的配筋百分率，$P=100\rho$，$\rho=(A_{s1}+A_{s2})/(bh_0)$，$A_{s1}$ 和 A_{s2} 分别为原梁截面纵向钢筋面积和新增纵向钢筋面积，当 $P>2.5$ 时，取 $P=2.5$；

ρ_{sv}——原梁斜截面内箍筋配筋率，$\rho_{sv}=A_{sv1}/(s_v b_2)$；

s_v——原梁斜截面内箍筋的间距（mm）；

A_{sv1}——原梁斜截面内配置在同一截面的箍筋各肢总截面面积（mm^2）；

A_{sb}——与斜裂缝相交的普通弯起钢筋的总截面面积（mm^2）；

f_{sv}——原梁箍筋抗拉强度设计值（MPa）；

f_{sd}——普通弯起钢筋的抗拉强度设计值（MPa）；

A_{sv2}——与斜裂缝相交的同一截面后增箍筋各肢总截面面积（MPa）；

$$\varphi_{vb}=\frac{0.8A_{spv}E_{sp}}{A_{sv}E_{sv}+0.707A_{sb}E_{sb}+A_{spv}E_{sp}}$$

A_{spv}——配置在同一截面处箍板的全部截面面积（mm^2），$A_{spv}=2b_{spv}t_{spv}\sin\theta_{spv}$；此处，$b_{spv}$、$t_{spv}$ 和 θ_{spv} 分别为箍板宽度、箍板厚度和箍板的切线与梁纵轴的夹角；

A_{sv}——配置在同一截面处箍筋的全部截面面积（mm^2）；

E_{sp}——钢板的弹性模量（MPa）；

E_{sv}——配置在同一截面处箍筋的弹性模量（MPa）；

E_{sb}——配置在同一截面处弯起钢筋的弹性模量（MPa）。

4.1.2　体外预应力的方法计算

斜截面抗剪承载力计算

（1）体外索加固的矩形、T 形和 I 形截面的受弯构件，其截面尺寸应符合下列要求：

$$\gamma_0 V_d - \frac{1}{\gamma_{fs}}\sigma_{pub,e}A_{pb,e}\sin\theta_e \leqslant 0.51\times 10^{-3}\sqrt{f_{cu,k}}bh_0 \tag{4-3}$$

V_d——斜截面受压端剪力的组合设计值（kN），变高度梁段应考虑附加剪力的影响，见《公路钢筋混凝土及预应力混凝土桥涵设计规范》JTG D 62—2004第5.2.7条注（3）；

γ_0——结构重要性系数；

γ_{fs}——体外预应力斜筋（束）的材料安全系数，对于钢绞线和钢丝 $\gamma_{fs}=1.47$；对于精轧螺纹钢 $\gamma_{fs}=1.2$；

$\sigma_{pub,e}$——体外预应力斜筋（束）的极限应力（MPa）；

$A_{pb,e}$——体外预应力斜筋（束）的截面面积（mm^2）；

b——相应于剪力组合设计值处的矩形截面宽度（mm）或T形和I形截面腹板宽度（mm）；

h_0——相应于剪力组合设计值处的截面有效高度，即自纵向受拉钢筋合力点至受压边缘的距离（mm）；

θ_e——体外预应力筋（束）在竖直平面内的弯起角度（竖弯角），$\theta_c\leqslant 45°$。

（2）体外索加固梁的斜截面的抗剪承载力可按钢筋混凝土或预应力混凝土梁计算，但必须考虑穿过验算斜截面的体外预应力斜筋的竖向分力的影响，见下式：

$$\gamma_0 V_d \leqslant \alpha_1\alpha_2\alpha_3\times 0.45\times 10^{-3}bh_0\sqrt{(2+0.6P)\sqrt{f_{cu,k}}\rho_{sv}f_{sd,v}}+0.75\times 10^{-3}f_{sd,b}\sum A_{sb}\sin\theta_s+0.75\times 10^{-3}f_{pb,i}\sum A_{pb,i}\sin\theta_i+0.8\times 10^{-3}\sigma_{pub,s}\sum A_{pb,s}\sin\theta_e \tag{4-4}$$

α_1——异号弯矩影响系数，计算简支梁和连续梁近边支点段的抗剪承载力时，$\alpha_1=1.0$；计算连续梁和悬臂梁近中间支点段的抗剪承载力时，$\alpha_1=0.9$；

α_2——预应力提高系数，原梁为钢筋混凝土受弯构件 $\alpha_2=1.0$，为预应力混凝土受弯构件 $\alpha_2=1.25$，但原梁中由钢筋合力引起的截面弯矩与外弯矩的方向相同时，或加固梁为预应力混凝土B类受弯构件，取 $\alpha_2=1.0$；

α_3——受压翼缘的影响系数，对于T形截面梁，取 $\alpha_3=1.1$；对于矩形截面梁，取 $\alpha_3=1.0$；

$f_{cu,k}$——边长为150mm的混凝土立方体抗压强度标准值（MPa），即混凝土的强度等级；

P——原梁斜截面内纵向配筋率，$P=100\rho$，$\rho=(A_s+A_{p,i})/(bh_0)$；

b、h_0——分别为原梁计算斜截面顶端正截面的腹板宽度和有效高度（mm）；

ρ_{sv}——斜截面内箍筋配筋率，$\rho_{sv}=A_{sv}/(s_v b)$（mm）；

s_v——斜裂缝范围内的箍筋间距（mm）；

$f_{sd,v}$、$f_{sd,b}$——分别为原梁箍筋和弯起普通钢筋的抗拉强度设计值（MPa）；

A_{sv}——斜裂缝范围内同一截面内箍筋各肢的总截面面积（mm^2）；

$f_{pb,i}$——体内预应力筋的抗拉强度设计值（MPa）；

$A_{pb,i}$——斜裂缝范围内体内弯起预应力筋的截面面积（mm^2）；

A_{sb}——原钢筋混凝土梁中，一排普通弯起钢筋（或斜筋）的截面面积（mm^2）；

$A_{pb,e}$——体外预应力弯起筋（束）的截面面积；

θ_i——体外预应力筋（束）在斜截面受压端正截面处与梁轴线的夹角；

θ_e——体外预应力筋（束）在竖直平面内的弯起角度（竖弯角），$\theta_e \leqslant 45°$；

θ_s——体内普通弯起钢筋的弯起角度。

（3）体外索的斜筋极限应力 $\sigma_{pub,e}$，与转向块处的摩阻情况有关，可由水平筋（束）的极限应力 $\sigma_{pu,e}$ 求得：

$$\sigma_{pub,e} = \lambda_{\sigma_{pu,e}} \tag{4-5}$$

体外索斜筋（束）拉力与水平筋（束）拉力的比例系数，按如下方法确定：

采用有水平向移动的滑块或有转向块时

$$\lambda = \frac{1}{\cos\theta_e + f_0 \sin\theta_e} \tag{4-6}$$

采用楔形滑块时

$$\lambda = \cos\theta_e - f_0 \sin\theta_e \tag{4-7}$$

摩擦系数，在缺少可靠试验数据的情况下，钢材间的摩擦取 $f_0 = 0.16$；采用四氟乙烯滑板时取 $f_0 = 0.06$；混凝土与钢材间的摩擦取 $f_0 = 0.25$。

4.2　对正截面承载能力的加固设计计算方法

4.2.1　粘贴钢板的计算方法

方案一拟在 T 形梁底面锚粘钢板进行正截面受弯承载力的加固，加固示意图如图 4-2 所示。

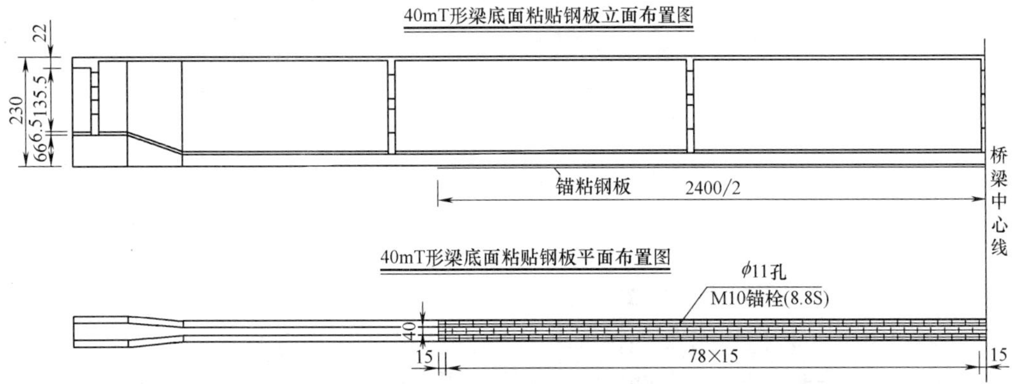

图 4-2　T 形梁底面锚粘钢板加固示意图

对翼缘位于受压区的 T 形截面受弯构件的受拉面粘贴钢板进行受弯加固时，实际也相当于增大截面加固法，可参照《公路桥梁加固设计规范》JTG/T J22—2008

第5.2.5条方法进行计算。

(1) 当混凝土受压区高度 $x \leqslant h_f'$ 时，应以宽度为 b_f' 的矩形截面，按下式计算正截面抗弯承载力。

$$\gamma_0 M_d \leqslant f_{cd1} bx\left(h_0 - \frac{x}{2}\right) + f_{sd1}' A_{s1}'(h_0 - a_{s1}') \tag{4-8}$$

混凝土受压区高度应按下式确定：

$$f_{cd1} bx = f_{sd1} A_{s1} - f_{sd1}' A_{s1}' + \sigma_{s2} A_{s2} \tag{4-9}$$

$$\sigma_{s2} = \varepsilon_{s2} E_{s2} \leqslant f_{sd2} \tag{4-10}$$

混凝土受压区高度尚应符合下列条件：

$$2a_{s1}' \leqslant x \leqslant \xi_b h_{01} \tag{4-11}$$

γ_0——桥梁结构的重要系数，按照现行《公路钢筋混凝土及预应力混凝土桥涵设计规范》JTG D62—2004规定采用；

M_d——第二阶段弯矩组合设计值；

f_{cd1}——原构件混凝土轴心抗压强度设计值，可根据现场检测强度推算值按照现行《公路钢筋混凝土及预应力混凝土桥涵设计规范》JTG D62—2004确定；

f_{sd1}、f_{sd1}'——分别为原构件纵向普通钢筋的抗拉强度设计值和抗压强度设计值；

A_{s1}、A_{s1}'——分别为原构件受拉区和受压区纵向普通钢筋的截面面积；

A_{s2}——新增纵向普通钢筋的截面面积；

b_2——加固后构件截面宽度；

h_0——加固后构件截面有效高度，$h_0 = h_2 - \alpha_s$，此处 h_2 为加固后截面全高，α_s 为受拉区纵向普通钢筋 A_{s1} 和 A_{s2} 的合力点至截面受拉区边缘的距离；

h_{01}——原构件截面有效高度，为原构件受拉区纵向普通钢筋 A_{s1} 合力点至截面受压区边缘距离；

x——等效矩形应力图形的混凝土受压区高度，简称混凝土受压区高度；

σ_{s2}——新增纵向普通钢筋的拉应力；

E_{s2}——新增纵向普通钢筋的弹性模量；

ε_{s2}——构件达到承载能力极限状态时，新增纵向普通钢筋的拉应变；

f_{sd2}——新增纵向普通钢筋的抗拉强度设计值；

ξ_b——正截面相对界限受压区高度，按原构件混凝土和受拉钢筋强度级别，按照《公路钢筋混凝土及预应力混凝土桥涵设计规范》JTG D62—2004表5.2.1规定选用。

当 $x < 2\alpha_{s1}'$ 时，正截面抗弯承载力按下列公式计算：

$$\gamma_0 M_d \leqslant f_{sd1} A_{s1}(h_{01} - \alpha_{s1}') + \sigma_{s2} A_{s2}(h_{02} - \alpha_{s1}') \tag{4-12}$$

新增纵向普通钢筋的合力点至截面受压边缘的距离。

(2) 当混凝土受压区高度 $x > h_f'$ 时，其正截面抗弯承载力应按下列公式计算：

$$\gamma_0 M_d \leqslant f_{cd}\left[b_2 x\left(h_0 - \frac{x}{2}\right) + (b_f' - b_2) h_f'\left(h_0 - \frac{h_f'}{2}\right)\right. \tag{4-13}$$

混凝土受压区高度应按下式计算：

$$f_{cd}b_2x+f_{cd}(b'_f-b_2)h'_f=f_{sd1}A_{s1}+\sigma_{s2}A_{s2} \tag{4-14}$$

式中　h'_f——T 形截面受压翼缘厚度；

b'_f——T 形截面受压翼缘的有效宽度，按《公路钢筋混凝土及预应力混凝土桥涵设计规范》JTG D62—2004 第 4.2.2 条的规定采用。

(3) 在受拉区采用增大截面（或粘贴钢板）加固的混凝土受弯构件达到受弯承载能力极限状态时，新增纵向普通钢筋的拉应变 ε_{s2} 按下列公式计算：

$$\varepsilon_{s2}=\frac{\varepsilon_{cu}(\beta h_{02}-x)}{x}-\frac{\varepsilon_{c1}(h_{02}-x_i)}{x_1} \tag{4-15}$$

$$\varepsilon_{c1}=\frac{M_{d1}}{E_cI_{cr}}x_1 \tag{4-16}$$

式中　M_{d1}——第一阶段弯矩组合设计值；

ε_{cu}——混凝土极限压应变，当混凝土强度等级为 C50 及以下时，取 $\varepsilon_{cu}=0.0033$；

β——截面受压区矩形应力图高度与实际受压区高度的比值，当混凝土强度等级为 C50 及以下时，取 $\beta=0.8$；

h_{02}——受拉区新增纵向普通钢筋 A_{s2} 合力点至截面受压区边缘距离；

ε_{c1}——在 M_{d1} 作用下，原构件截面上边缘的混凝土压应变；

x_1——加固前原构件开裂截面换算截面的混凝土受压区高度；

I_{cr}——加固前原构件开裂截面换算截面的惯性矩；

E_c——原构件混凝土的弹性模量。

4.2.2　体外预应力的计算方法

方案二拟在 T 形梁底张拉两束 OVM GJ 15-3 型体外预应力束进行正截面受弯承载力的加固，体外预应力均采用直线布束，加固示意图如图 4-3 所示。

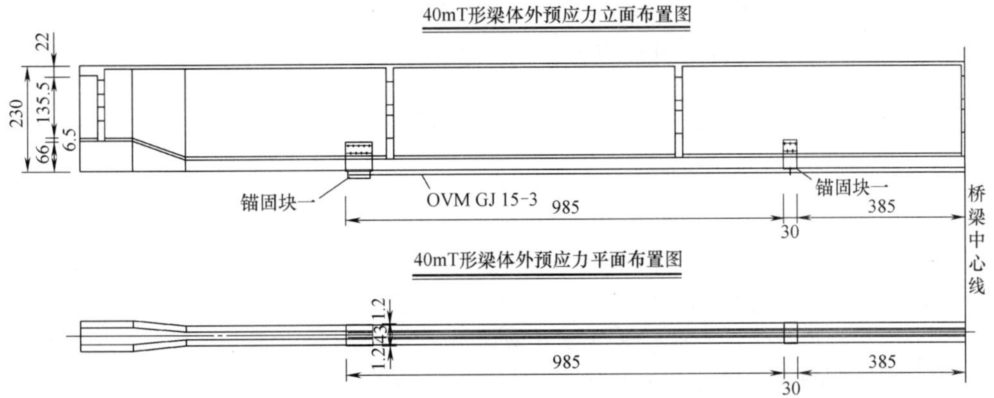

图 4-3　T 形梁底张拉体外预应力加固示意图

1）体外预应力加固结构正截面抗弯承载力计算时应根据截面形状和中性轴的位置分两种情况考虑。

（1）中性轴位于 T 形截面翼板内（$x \leqslant h'_f$）

$$f_{cd} b'_f x + f'_{sd} A'_s = \sigma_{pu,e} A_{p,e} + f_{pd,i} A_{p,i} + f_{sd} A_s \tag{4-17}$$

$$\gamma_0 M_d \leqslant f_{cd} b'_f x \left(h_0 - \frac{x}{2} \right) \tag{4-18}$$

（2）中性轴位于 T 形截面腹板内（$x > h'_f$）

$$f_{cd} bx + f_{cd} (b'_f - b) h'_f + f'_{sd} A'_s = \sigma_{pu,e} A_{p,e} + f_{pd,i} A_{p,i} + f_{sd} A_s \tag{4-19}$$

$$\gamma_0 M_d \leqslant f_{cd} bx \left(h_0 - \frac{x}{2} \right) + f_{cd} (b'_f - b) h'_f \left(h_0 - \frac{h'_f}{2} \right) + f'_{sd} A'_s (h_0 - \alpha'_s) \tag{4-20}$$

为确保加固后的混凝土梁仍为塑性破坏，上述公式中的截面受压区高度 x 应满足下列条件：

$$x \leqslant \xi_b h_s \text{ 或 } x \leqslant \xi_b h_p x \leqslant 2\alpha'_s \tag{4-21}$$

式中 γ_0——桥梁结构重要性系数；

M_d——计算截面弯矩组合设计值；

$A_{p,e}$——体外预应力水平钢筋（束）的截面面积；

$\sigma_{pu,e}$——当构件达到极限抗弯承载能力时，体外预应力筋（束）的极限应力计算值；

$A_{p,i}$——原梁体内预应力筋的截面面积；

$f_{pd,i}$——原梁体内预应力筋的抗拉强度设计值；

A_s——原梁体内纵向受拉普通钢筋的截面积；

A'_s——原梁体内纵向受压普通钢筋的截面积；

f_{sd}——原梁体内纵向受拉普通钢筋的抗拉强度设计值；

f_{cd}——混凝土的抗压强度设计值；

b'_f——受压翼缘板的有效宽度；

b——T 形截面的腹板宽度；

h'_f——受压翼板的厚度；

h_s、h_p——分别为原梁中普通钢筋和预应力钢筋的合力作用点至梁顶面的距离；

h_0——体（内）外预应力筋和原梁普通钢筋的合力点到梁顶面的距离，$h_0 = h - a$；

a——受拉区体内（外）预应力筋（束）和普通钢筋的合力作用点至受拉区边缘的距离；

α'_s——受压区普通钢筋的合力作用点至受压区边缘的距离；

ξ_b——原钢筋混凝土梁或原预应力混凝土梁的相对界限受压区高度，可根据原梁中受拉钢筋的种类查《公路桥梁加固设计规范》JTG/T J22—2008 表 8.2.3 获取。

2）体外索的水平筋（束）极限应力 $\sigma_{pu,e}$ 按下式计算：

$$\sigma_{pu,e} = \sigma_{pe,e} + 0.03 E_{p,e} \frac{h_{p,e} - c}{\gamma_p l_e} \leqslant f_{pd,e} \tag{4-22}$$

式中 l_e——计算跨体外索的有效长度，$l_e = \dfrac{2l_i}{N_s + 2}$；

N_s——构件失效时形成的塑性铰数目，对于简支梁 $N_s=0$，对于连续梁 $N_s=n-1$；n 为连续梁的跨数；

l_i——两端锚具间体外索的总长度；对于简支梁加固体系，$l_e=l_i$；

γ_p——体外预应力钢材的安全系数，取 $\gamma_p=2.2$；

$h_{p,e}$——体外预应力筋（束）合力点到截面顶面的距离；

$E_{p,e}$——体外预应力筋（束）的弹性模量；

c——截面中性轴到混凝土受压区顶面的距离；对于 T 形截面

$$c=\frac{A_{p,e}\sigma_{pu,e}+A_sf_{sk}+A_pf_{pk}-A_s'f_{sk}'-0.75f_{cu,k}\beta(b_f'-b)h_f'}{0.75f_{cu,k}b\beta} \tag{4-23}$$

混凝土受压区高度折减系数，取 $\beta=0.8$；当混凝土强度等级高于 C50 时，应按《公路钢筋混凝土及预应力混凝土桥涵设计规范》JTG D62—2004 表 5.3.3 折减；

$f_{cu,k}$——混凝土轴心抗压强度标准值；

$f_{pd,e}$——体外预应力筋（束）的抗拉强度设计值；

$\sigma_{pe,e}$——体外预应力筋（束）的永存预应力；

$A_{p,e}$——体外预应力筋（束）的截面面积。

4.3　体外预应力索锚固装置计算方法

4.3.1　锚固块的连接设计计算方法

设计预应力体外索采用直线布束，钢锚固块，锚固块与抱箍钢板焊接连接，抱箍钢板抱箍 T 梁马蹄并与腹板采用 8.8 级高强锚栓连接，其结构及连接方式如图 4-4 所示。

钢锚固块主要承受预应力张拉引起的水平剪力，设计锚固块采用连接形式为高强度螺栓摩擦型连接，其中某一个螺栓所受剪力计算公式如下：

$$N_1=\sqrt{N_{1tx}^2+(N_{1Ty}+N_{1F})^2} \tag{4-24}$$

$$N_{1F}=\frac{F}{n} \tag{4-25}$$

$$N_{1Tx}=\frac{Ty_1}{\sum_{i=1}^{n}x_i^2+\sum_{i=1}^{n}y_i^2} \tag{4-26}$$

$$N_{1Ty}=\frac{Tx_1}{\sum_{i=1}^{n}x_i^2+\sum_{i=1}^{n}y_i^2} \tag{4-27}$$

式中　F——螺栓群所受总剪力；

T——总剪力偏心对螺栓群中心产生的扭矩；

n——螺栓数量；

N_{1F}——作用在螺栓群中心的剪力 F 对一个螺栓产生的剪力；

N_{1Tx}——扭矩 T 对一个螺栓产生的垂直于 F 方向的剪力；

N_{1Ty}——扭矩 T 对一个螺栓产生的平行于 F 方向的剪力；

每个高强度螺栓的抗剪承载力设计值按下式计算：

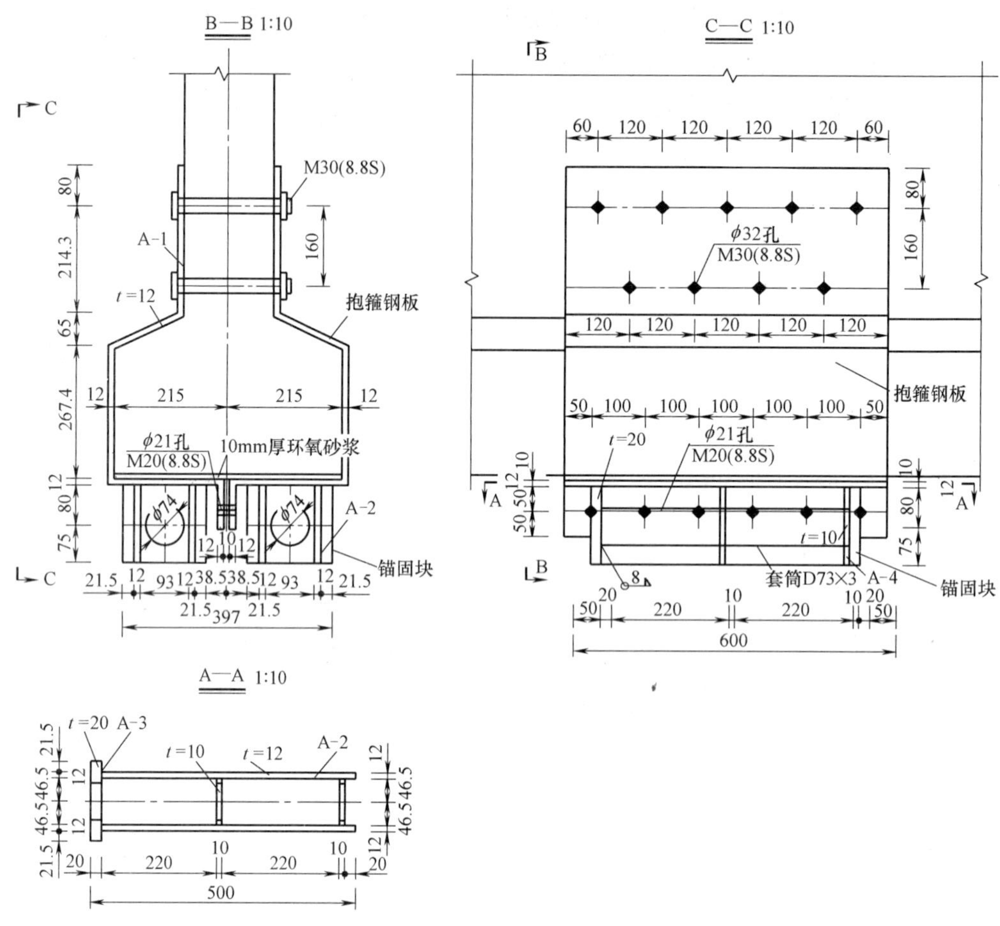

图 4-4　体外预应力索锚固装置图

$$N_v^b = 0.9 n_f \mu P \tag{4-28}$$

式中　n_f——传力摩擦面数目；

μ——摩擦面的抗滑移系数，一般取 0.25；

P——一个高强度螺栓的预拉力，按表 4-1 采用：

一个高强度螺栓的预拉力 *P*（kN）　　**表 4-1**

螺栓的性能等级	螺栓的公称直径					
	M16	M20	M22	M24	M27	M30
8.8 级	80	125	150	175	230	280
10.9 级	100	155	190	225	290	355

连接螺栓的最大剪力应满足下式：

$$\max_{i=1 \sim n} \sqrt{N_{1tx}^2 + (N_{1Ty} + N_{1F})^2} \leqslant N_v^b \tag{4-29}$$

经验算，锚固块（通过抱箍钢板）与梁体的螺栓连接强度满足设计要求。

4.3.2　锚固块承载能力分析

设计采用钢锚固块，锚固块主要承受预应力张拉引起的水平力，由于其体量较小而所用钢板较多，因此锚固块本身强度及刚度容易满足设计，而锚固块与抱箍钢板的焊接强度需要进行详细验算。

钢锚固块与抱箍钢板为 T 形接头，均采用双面角焊缝连接，预应力张拉引起的对焊缝平面的剪力 V 及弯矩 M，其中弯矩 M 由所有焊缝共同承担，剪力 V 由平行于剪力方向的焊缝承担。焊缝计算示意图如图 4-5 所示。

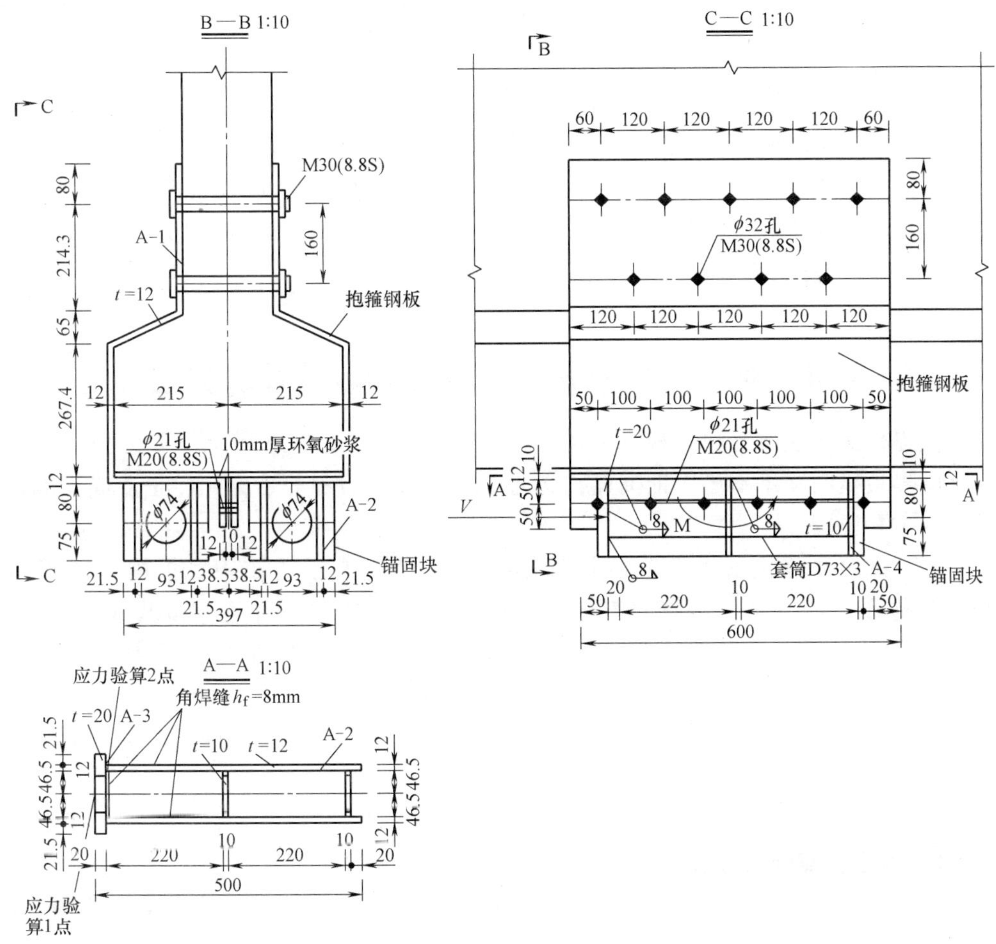

图 4-5　锚固块与抱箍钢板间焊缝计算示意图

其中 1 点处的应力应满足：

$$\sigma_{f1}=\frac{M}{I_w}\cdot\frac{h_1}{2}\leqslant\beta_f f_f^w \tag{4-30}$$

式中　σ_{f1}——按焊缝有效截面（$h_e l_w$）计算，垂直于焊缝长度方向的应力；

M——焊缝承担的弯矩；

l_w——全部焊缝有效截面对中和轴惯性矩；

f_f^w——角焊缝的强度设计值；

β_f——正面角焊缝的强度设计值增大系数，对承受静力荷载和间接承受动力荷载的结构，$\beta_f=1.22$；对直接承受动力荷载的结构 $\beta_f=1.0$。

其中 2 点处的应力应满足：

$$\sqrt{\left(\frac{\sigma_{f2}}{\beta_f}\right)^2+\tau_f^2}\leqslant f_f^w \tag{4-31}$$

$$\sigma_{f2}=\frac{M}{l_w}\cdot\frac{h_2}{2} \tag{4-32}$$

$$\tau_f=\frac{V}{\sum(h_{e2}l_{w2})} \tag{4-33}$$

式中 σ_{f2}——按焊缝有效截面计算，垂直于焊缝长度方向的应力；

τ_f——按焊缝有效截面计算，沿焊缝长度方向的剪应力；

h_2——与预应力方向平行的焊缝实际长度；

h_{e2}——角焊缝的计算厚度，对直角角焊缝等于 $0.7h_f$，h_f 为焊脚尺寸；

l_{w2}——与预应力方向平行的焊缝计算长度，对每条焊缝取其实际长度减去 $2h_f$。

4.4 对横隔板承载能力的加固设计计算方法

横隔板的开裂属于剪切和弯拉破坏。最近几年交通量的急剧增大及重车的增多，原有横隔板横向联系不足以抵抗重载交通下的横向弯矩和剪力作用，是造成横隔板破坏的主要原因。

T 形梁内横隔板增大简支梁抗扭刚度，起横向连接的作用，板内存在着各种荷载作用下的复杂应力场，不但有剪切、横弯，还存在着竖弯和纵弯等作用。考虑横隔板对桥梁承载能力影响不大，主要影响桥梁横向整体性，因此对横隔板的验算侧重正常使用极限状态应力验算。设计采用大型通用有限元软件 ANSYS，通过对简支 T 形梁及横隔板的实体模拟，对横隔板在不同荷载工况下的主拉应力进行计算。

4.4.1 截面加厚计算方法

方案一拟对 T 形梁横隔板采用增大截面的方法进行加固，加固示意图如图 4-6 所示。

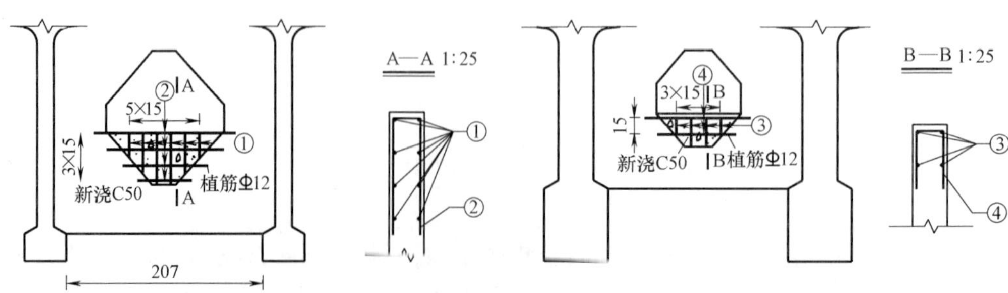

图 4-6 横隔板增大截面加固示意图

1. 单元介绍

ANSYS 中包含大量的单元形式，而 solid45 单元具有塑性，蠕变，膨胀，应力强化，大变形和大应变能力，适用于模拟钢筋混凝土结构。单元通过 8 个节点来定义，每个节点有 3 个沿着 x，y，z 方向平移的自由度，文中采用退化成 4 节点的 solid45 单元来对结构进行线弹性分析，不考虑混凝土的收缩徐变效应及塑性，蠕变，膨胀，应力强化，大变形和大应变。link8 单元是一种能应用于多种工程实际的杆元素，这个三维的杆元素只能承受单轴的拉压，元素每个节点有三个自由度：x，y，z 方向的位移，由于其具备初应变实常数，因而在桥梁工程运用中通常用起来近似模拟预应力钢束，但不能考虑预应力钢束的各种预应力损失。

2. 有限元模型的建立

模型坐标原点位于简支梁跨中梁底。由于全桥三维实体模型比较复杂，统一采取一个划分标准来进行划分的话，如果划分粗糙，则对计算结果将会造成大的误差；如果划分细致，则划分形成的单元个数太多，造成资源浪费。T 形梁及横隔板采用 solid45 退化 4 节点单元，用 link8 单元模拟纵向预应力钢筋，将有效预应力换算成 link8 的初始应变作用在单元上，有效预应力按照公路规范，通过程序 MIDAS，计算出预应力钢束的有效预应力，换算成初应变加在单元上来模拟钢束。通过 link8 单元节点与混凝土单元节点耦合来实现预应力钢筋作用。文中全桥采取分部位划分的形式，两片 T 形梁单元尺寸为 0.4m，横隔板单元尺寸为 0.2m，预应力钢筋单元尺寸为 3m。采用自由网格划分。

3. 荷载编号及组合

为方便表述计算结果，将其中自重、预应力、铺装恒载编号为荷载 1，汽车活载编号为荷载 2，均匀升温编号为荷载 3，梯度温度编号为荷载 4。

4. 荷载工况下的计算应力

考虑到桥梁在实际运营中遇见的各种荷载情况，参考现有公路荷载组合规范，对该桥实际运营中可能遇见的各种情况进行荷载组合。每跨简支梁横隔板由于受力响应类似，文中仅罗列出跨中横隔板和端横隔板在三种荷载组合下的主应力峰值，见表 4-2。

组合工况作用下横隔板应力峰值表　　　　表 4-2

荷载工况	荷载组合	跨中横隔板主应力				端部横隔板主应力			
		加固前 S_1 (MPa)	加固前 S_3 (MPa)	加固后 S_1 (MPa)	加固后 S_3 (MPa)	加固前 S_1 (MPa)	加固前 S_3 (MPa)	加固后 S_1 (MPa)	加固后 S_3 (MPa)
1	1	2.13	-6.24	1.81	-5.51	1.72	-7.08	1.51	-6.31
2	1+2	2.03	-5.67	1.75	-5.12	2.51	-7.26	1.45	-6.52
3	1+3	2.39	-8.70	1.99	-8.00	2.65	-7.92	2.09	-7.20
4	1+4	3.87	-8.09	3.24	-7.43	2.83	-8.56	2.44	-7.83
5	1+2+4	3.62	-6.03	3.01	-5.46	2.91	-8.41	2.37	-7.76
6	1+2+3	2.09	-5.97	1.79	-5.29	2.62	-7.51	2.39	-6.89

注：应力正值为主拉应力，负值为主压应力；加固前计算应力值考虑了病害折减。

根据验算结果，采用增大截面法对横隔板进行加固后，构件在正常使用极限状态下的应力状态明显改善，加固效果较为明显。

4.4.2 粘贴钢板计算方法

方案二拟对T形梁横隔板采用锚粘钢板的方法进行加固，加固示意图如图4-7所示。

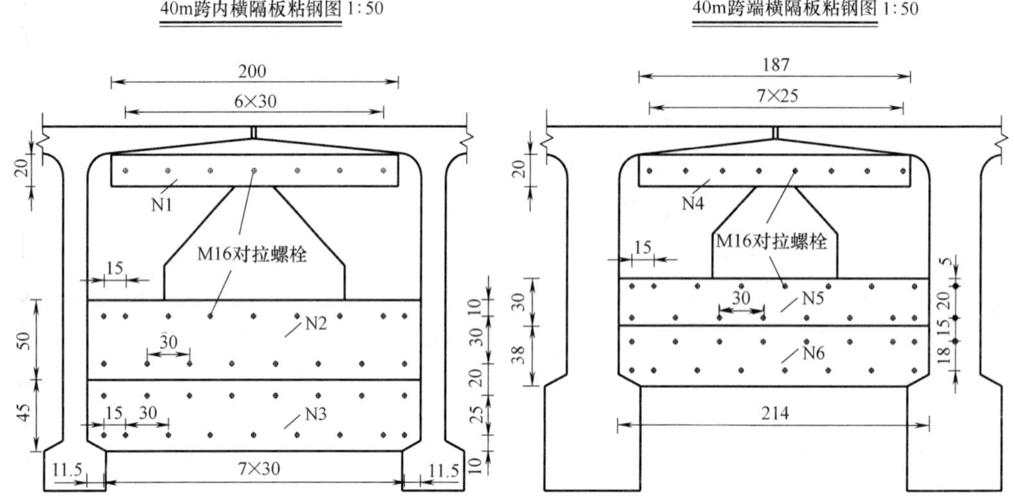

图4-7 横隔板锚粘钢板加固示意图

方案二采用锚粘钢板对横隔板进行加固后的验算方法同方案一，计算结果见表4-3。

组合工况作用下横隔板应力峰值表 **表4-3**

荷载工况	荷载组合	跨中横隔板主应力				端部横隔板主应力			
		加固前 S_1 (MPa)	加固前 S_3 (MPa)	加固后 S_1 (MPa)	加固后 S_3 (MPa)	加固前 S_1 (MPa)	加固前 S_3 (MPa)	加固后 S_1 (MPa)	加固后 S_3 (MPa)
1	1	2.13	-6.24	1.87	-5.58	1.72	-7.08	1.56	-6.36
2	1+2	2.03	-5.67	1.80	-5.19	2.51	-7.26	1.51	-6.57
3	1+3	2.39	-8.70	2.06	-8.08	2.65	-7.92	2.14	-7.25
4	1+4	3.87	-8.09	3.31	-7.51	2.43	-8.56	2.49	-7.88
5	1+2+4	3.62	-6.03	3.08	-5.53	2.51	-8.41	2.42	-7.81
6	1+2+3	2.09	-5.97	1.86	-5.36	2.62	-7.51	2.44	-6.94

注：应力正值为主拉应力，负值为主压应力；加固前计算应力值考虑了病害折减。

根据验算结果，采用增大截面法对横隔板进行加固后，构件在正常使用极限状态下的应力状态明显改善，加固效果较为明显。

4.5 工程实例

郑州黄河公路大桥于1984年开始建设，1986年10月1日通车。它南起郑州市花园口，北抵河南省新乡市原阳县马庄，为河南省内跨越黄河的重要快速通道，也是107国道上重要桥梁。该桥主桥全长5549.86m，共137跨。桥宽1.0m（人行道）+16m（行车道）+1.0m（人行道）；南引桥面宽19.5m，行车道宽16m，两侧人行道宽各1.5m。设计荷载为汽－超20、挂－120级，人群荷载为3.5kN/m²。主桥上部结构为预应力混凝土简支T形梁，桥面每140～250m设一道伸缩缝，全桥共25联。下部结构为钻孔灌柱桩基础，桩式桥台，双柱式桥墩。

该桥在2009年11月发现部分横隔板出现断裂、混凝土脱落等病害。2010年3月河南省公路工程试验检测中心有限公司受中原高速大桥分公司委托对该桥进行了详细的病害调查。调查发现该桥部分T形梁横隔板（包括20m、40m、50m）断裂、混凝土脱落；桥梁桥面以纵缝、横缝、网裂等病害为主，还发现西幅病害较东幅病害更加严重。

2010年6月开始对该桥横隔板等病害进行加固。9月在加固20mT形梁横隔板过程中，发现部分梁体有多条竖向裂缝，严重的已开裂至翼缘下缘。大桥管理公司及主管领导极其重视，迅速组织检测、设计、监理、施工等单位制定抢修方案，并展开抢修。

2010年10月底，在40m T形梁横隔板加固过程中又发现91～137跨（40m跨径）西半幅T形梁（从东向西第4、5、6、7号梁）特别是6、7号梁出现多条横向裂缝。受大桥管理公司委托，我公司迅速对发现病害处主梁横向裂缝进行了调查，并对其他跨包括50m跨T形梁进行详细调查，成果汇编在《郑州黄河公路大桥外观特别检查报告》。由于资金等方面的原因，从2011年1月起对40m T形梁病害最为严重的地方进行加固。

根据《公路桥梁技术状况评定标准》JTG/T H21—2011第5章表5.1.1-11简支梁（板）桥、刚架桥裂缝表格中关于病害评定的标准：

标度	评定标准	
	定性描述	定量描述
1	完好	
2	局部出现网状裂缝、或主梁出现少量轻微裂缝，缝宽未超限	网状裂缝累计面积≤构件面积的20%，单处面积≤1.0m²，或主梁裂缝缝长≤截面尺寸的1/3
3	出现大面积网状裂缝，或主梁出现较多横向裂缝（钢筋混凝土梁、板），或顺主筋方向出现纵向裂缝，或出现斜向裂缝、水平裂缝、竖向裂缝等，缝宽未超限（钢筋混凝土梁、板），或顺主筋方向出现严重纵向裂缝	网状裂缝累计面积＞构件面积的20%，单处面积＞1.0m²，或主梁裂缝缝长＞截面尺寸的1/3
4	主梁控制截面出现较多横向裂缝，或顺主筋方向出现严重纵向裂缝并伴有钢筋锈蚀等，或出现斜裂缝、水平裂缝、竖向裂缝等，裂缝缝宽超限	主梁裂缝缝长≥截面尺寸的2/3，间距＜20cm
5	主梁控制截面出现大量结构性裂缝、裂缝大多贯通，且缝宽超限，主梁出现变形	主梁裂缝缝宽＞1.0mm，间距≤10cm

同时根据《公路桥梁技术状况评定标准》JTG/T H21—2011第3章表3.2.4桥梁主要部件技术状况评定标准：

技术状况评定标度	桥梁技术状况描述
1类	全新状态、功能完好
2类	功能良好、材料有局部轻度缺损或污染
3类	材料有中等缺损;或出现轻度功能性病害,但发展缓慢,尚能维持正常使用功能使用
4类	材料有严重缺损;或出现中度功能性病害,且发展较快;结构变形小于或等于规范值,功能明显降低
5类	材料出现严重缺损,出现严重的功能性病害,且有继续扩展现象;关键部位的部分材料强度达到极限,变形大于规范值,结构的强度、刚度、稳定性不能达到安全通行的要求

经检测评定统计出跨径40m T形梁病害较严重的3、4类梁共计107片；病害较轻的2类梁共计9片。

根据《公路桥梁技术状况评定标准》JTG/T H21—2011 表3.2.5 桥梁次要部件技术评定标度为：

1类	全新状态,功能完好;或功能良好,材料有轻度缺损、污染等
2类	有中等缺损或污染
3类	材料有严重缺损,出现功能降低,进一步恶化将不利于主要构件,影响正常交通
4类	材料有严重缺损,失去应有功能,严重影响正常交通;或原无设置,而调查需要补设

经检测评定统计出40m T形梁端横隔板31道、跨间横隔板164道为4类构件。

针对病害较为严重的40m T形梁不同的加固方案进行了详细的计算和方案比选，本着安全、可行、经济的原则，最终确定加固方案，并选编了部分加固图纸作为参考。

4.5.1 对斜截面承载能力的加固设计及方案比选

方案比选：

设计对锚粘钢板（方案一）和体外预应力（方案二）两种斜截面抗剪承载力的加固方法进行了详细的计算，结合方案的施工难易、经济性等特点作了比选，见表4-4。

T形梁斜截面抗剪承载力加固方案比选 **表4-4**

比选项	腹板变厚处剪力 $\gamma_0 V_d$ (kN)	加固前腹板变厚处抗剪承载力(考虑折减后)(kN)	加固后腹板变厚处抗剪承载力(kN)	施工难易	经济性比较	其他优缺点
方案一 锚粘钢板	1558	1637	1792	施工工序较繁琐;需占用较大场地及空间	造价较低	抗腐蚀能力较差,对极限承载能力的提升有限
方案二 体外预应力	1558	1637	1890	受现场和构件情况影响大;施工繁琐,预应力张拉控制较难,尤其是曲线布束	造价较高	对结构承载力的提升较为明显;锚固端、转向块可靠性较难保证;抗疲劳性能值得进一步研究

根据计算及方案比选，由于采用体外预应力对梁体斜截面抗剪承载力进行加固，预应力钢束需要在梁端弯起，曲线布束，施工困难较大，锚固端、转向块可靠性较难保证，综合比较后，最终确定对 40m T 形梁斜截面受弯采用在腹板锚粘斜向钢板进行加固。

4.5.2　对正截面承载能力的加固设计计算方法

方案比选：

设计对锚粘钢板（方案一）和体外预应力（方案二）两种正截面受弯承载力的加固方法进行了详细的计算，结合方案的施工难易、经济性等特点作了比选，见表 4-5。

T 形梁正截面受弯承载力加固方案比选　　表 4-5

比选项	跨中弯矩 $\gamma_0 M_d$（kN·m）	加固前跨中抗弯承载力（考虑折减后）（kN·m）	加固后跨中抗弯承载力（kN·m）	施工难易	经济性比较	其他优缺点
方案一 锚粘钢板	17451	16898	17920	施工工序较繁琐，需占用较大场地及空间	造价较低	抗腐蚀能力较差，对极限承载能力的提升有限
方案二 体外预应力	17451	16898	18905	受现场和构件情况影响大；施工繁琐，预应力张拉控制较难	造价较高	对结构刚度和承载力的提升较为明显；锚固端可靠性较难保证；抗疲劳性能值得进一步研究

根据计算及方案比选，最终确定对病害较轻的 40mT 形梁正截面受弯采用锚粘钢板进行加固，对病害较严重的 40m T 形梁正截面受弯采用张拉体外预应力进行加固。

4.5.3　体外预应力索锚固装置计算方法

经验算，锚固块与抱箍钢板的焊接连接满足规范设计要求。

4.5.4　对横隔板承载能力的加固设计及方案比选

方案比选：

方案一增大截面法：可靠性好，提高承载力、刚度幅度大。

施工周期略长，需要停止交通；增加结构自重较多，引起地震力的增加和结构自振频率的改变。

方案二锚粘钢板法：对结构刚度的提高较明显。

施工工序较繁琐，需要相关的机械设备加工，施工受现场环境的影响较大，一般要求中断交通；成本略高；钢板抗腐蚀能力较差，后期维护费用高；抗疲劳性能一般；对极限承载力的提高有限，不适用于混凝土强度低的情况。

综合以上比选，结合项目实际及构件尺寸及病害情况，最终确定两种方案共同实施，横隔板植筋并浇筑混凝土增大截面后，再表面锚粘钢板进行加固，取得了良好的效果。

第 5 章　T 形梁桥加固施工工艺及方法

5.1　粘贴钢板加固

1. 基本原理

该技术为采用环氧树脂系列粘结剂，将钢板粘结在板桥的受拉区域或薄弱部位，使之与结构形成整体，用以代替需要增设的补强钢筋。通过钢板与补强结构的共同作用，提高其刚度，限制裂缝的发展，改善钢筋及混凝土的应力状态，从而提高板梁的承载能力。

在构造设计时，加固用的钢板可按实际需要采用不同的形状，但钢板的厚度必须比计算的厚度大。用于抗弯能力补强的钢板尺寸应尽可能薄而宽，厚度一般在4～6mm。设计钢板长度时，应将钢板的两端延伸到低应力区，以减少钢板锚固端的粘结应力集中，防止粘贴部位构件出现裂缝或粘贴钢板被拉脱现象发生。

2. 施工工艺

粘贴钢板加固典型的施工工艺包括：

1）表面处理

（1）打磨混凝土表面除去表面浮浆层，找平冲洗烘干；

（2）钢板表面除锈至发光，再做粗糙处理，纹路与受力方向垂直，然后用酒精或丙酮棉沙清洗钢表面除油。

2）钻孔植埋锚固螺栓（植筋）

通过植筋工艺，钻孔植埋锚固螺栓，钻孔前应探明混凝土内部钢筋位置，并作标记，当钻孔与钢筋位置冲突，适当调整孔位。依据现场凿毛及埋置的螺栓间距，放样切割钢板并钻孔。

3）配制粘钢胶

根据胶粘剂的标准用量，计算出所涂布的面积的需用量，视现场气温等实际情况，确保在有效期内一次用完。按胶粘剂使用说明规定的比例把胶粘剂主剂和固化剂置于配胶容器中，用电动搅拌器搅拌均匀。搅拌时最好沿同一方向搅拌，尽量避免混入空气形成气泡，配制场所宜通风良好。

4）混凝土和钢板粘贴面涂覆粘钢胶

用滚刷火或毛刷均匀、无遗漏地将胶粘剂涂在选定的混凝土表面，胶粘剂涂布面应不小于所粘贴的钢板大小。应注意：在模板接头处出现的高度差位置、拐角位置以及钢板搭接部位应多涂一些。胶断面宜成三角形，中间厚 3～5mm 左右，边缘厚 1mm 左右。

5）贴合钢板、加压

（1）将已涂抹均匀粘钢胶的钢板贴合到待贴钢板混凝土面上，钢板孔对准已植好的锚栓，立即拧上紧固螺母，使胶液刚从钢板边缘挤出为宜。

(2) 用橡胶锤或木锤轻轻敲击钢板，使之与混凝土粘贴密实；若存在空洞，须剥下钢板，补胶重新粘贴。

(3) 专用粘钢胶在常温下固化，一般在 1h 后初凝，24h 即可达到标定的粘结强度。如现场气温低于 15℃，应采取人工加温措施。

(4) 粘贴质量检查：质量检查应在钢板胶未固化时进行。用橡胶锤或木锤轻轻敲击钢板，从音响判断粘结效果或用超声波探测粘结密实度。如锚固区粘结面积少于 90%，非锚固区粘结面积少于 70%，则此粘接无效，应剥下重新粘贴。

(5) 自然养护：

① 每处施工完成后，在自然养护 24h 内应确保不受外力硬性冲击等干扰；

② 每道工序过程中及完工后，均应采取适当措施保证不受污染或雨水侵袭；

③ 在施工过程中平均气温一般都高于 15℃的情况下，自然养护至达到设计要求需要 5 天左右。

6) 钢板表面防腐处理

钢板表面防腐处理根据设计可采用在钢板面上涂刷防锈底漆 + 中间漆 + 面漆的方式，面漆颜色尽量与梁体混凝土（涂装）颜色一致。

3. 特点分析

钢板抗弯加固具有以下特点：

(1) 施工快速，养护期短，强度生成快，短期内即可开放交通。

(2) 需对结合面处理，并钻埋螺栓孔，这会对原结构造成损伤。

(3) 钢板需做防腐处理，这会增加日后养护费用。

该方法适用于梁的挠度过大，承载能力明显不足的板桥。使用环境温度 -20 ~ 60℃，相对湿度不大于 70% 及无化学腐蚀的地区。同样需要注意的是，粘贴钢板法因钢板面积较大且外露，需要经常养护，粘贴钢板不容易与混凝土梁紧密结合，加固效果的耐久性问题也应引起注意。

5.2　体外预应力加固技术

1. 基本原理

施加体外预应力属于主动加固方法，该方法利用预应力束产生反向力矩，能较大幅度降低恒载下结构的变形和应力水平，起到卸载效果。该加固技术 20 世纪 70 年代在欧美被大量采用，随后在我国桥梁补强加固中开始应用，并取得了良好的效果。其优点是适应性强、基本不改变结构外观、也不压缩桥下净空，能够大幅度改善原结构受力状况，提高承载结构的刚度和抗裂性能，而自重增加极小。当前主要适用于 T 形梁桥的抗弯加固和箱梁桥的加固中。

2. 施工工艺

体外预应力加固工艺流程：施工准备→定位放线→预应力钢筋的制作与安装→端部锚板安装→张拉→预应力钢筋的防火防腐处理→验收。

1) 齿板、限位板、转向板施工

（1）在齿板、限位板、转向板设计位置腹板开槽、翼板开洞后，按设计图在箱梁腹板植筋。

（2）待植筋胶固化后，安装普通钢筋。普通钢筋布设时，应采取妥当措施，满足设计混凝土净保护层要求，混凝土浇筑后不出现露筋等现象，并注意保证种植锚筋接长及钢筋搭接长度。

（3）普通钢筋和锚垫板、转向器、限位器布设应协调进行，普通钢筋与锚垫板、转向器、限位器相碰时，应适当移动普通钢筋，保证锚垫板、转向器、限位器位置准确。锚垫板、转向器、限位器定位必须准确牢固，位置容许偏差不得大于0.5cm。

（4）锚具应抽样检查夹片硬度，逐个检查垫板喇叭管内有无毛刺，质量不合格不准使用；所有锚具均应采用整体式锚头，不允许采用分离式锚头。

（5）浇筑齿板、限位板、转向板混凝土。

2）体外索制作及施工

（1）在体外预应力钢束安装过程中注意外套管的保护，不允许直接在底板上拖动，下面最好有拖轮支撑。

（2）锚固处的每股钢绞线打散，并清洗干净。

（3）将锚具准确安装到齿板上，并与外套管紧密的连接起来，最终形成一个有效连续的封闭装置。

（4）张拉体外预应力钢束。

（5）锚具区注入非凝结性的抗腐蚀保护性化合物。

（6）锚具裸露的表面进行镀锌处理。

3）预应力施工

（1）检查每捆钢绞线有无不均匀初应力

截取2～3m长的钢绞线，在室内放置24小时后，检查各钢丝是否仍为一个平面，如发生变化，说明钢绞线各钢丝存在不均匀初应力，此类钢绞线禁止使用，应予退货。

（2）按有关规定对钢绞线抽检强度，弹性模量，截面积，延伸量和硬度，质量不合格不准使用。并应按实测弹性模量和截面积对计算延伸量进行校正。

延伸量的修正公式为：

$$\Delta' = (EA/E'A') \times \Delta \tag{5-1}$$

式中 E'、A'——实测钢绞线弹性模量及面积；

E、A——计算采用的钢绞线弹性模量及面积；$E = 1.95 \times 10^5$MPa，$A = 1.4$cm^2；

Δ——计算得到的延伸量值；

Δ'——修正后的延伸量值。

（3）钢绞线下料应用圆盘锯切割，切割面应为一平面，以便张拉时检查断丝。

（4）混凝土养护龄期达7天及混凝土强度达到设计强度的100%以后，方可张拉预应力束。

（5）预应力束张拉应在有经验的技术人员指导下由固定工班进行操作，不允许临时工承担此项工作。每次张拉均应有完整记录，且应在监理在场的情况下进行。

（6）预应力钢束对称一对一张拉。

（7）预应力钢束在张拉工作开始之前应分别从两端采用千斤顶对钢束进行松动张拉，以确保钢绞线在管道内平行顺直且滑动自由。

（8）张拉操作步骤

初张拉（张拉力为控制张拉力的20%）→持荷5min→量测延伸量δ_0→匀速加荷张拉至设计吨位→持荷5min→量测延伸量δ_1→回油→量测延伸量δ_2。

（9）预应力束张拉采用延伸量与张拉吨位双控，延伸量误差范围为正负6%。延伸量为钢束上标定平面位置距锚垫板之间的距离变化值，不得以油缸伸长值代替延伸量。

实测延伸量$\delta = P(\delta_1 - \delta_0)/(P - P_0)$

钢绞线每一截面的断丝率不得大于该截面总钢丝数的1%，且不允许整根钢绞线拉断。断丝是指锚具与锚具间，钢丝在张拉时或锚固时破断。

（10）检查千斤顶和锚具有无滑丝：查看$\delta_2 - \delta_1$是否大于7mm，如大于7mm，则表明出现了整体滑丝，应查明原因并采取措施解决后方可继续张拉。再检查钢绞线尾端标定平面是否仍旧为一个平面，如平面出现了变化，说明有个别钢绞线出现了滑丝现象，必须采取措施进行及时处理。

（11）应根据每批钢绞线的实际直径随时调整千斤顶限位板尺寸，最标准的限位板尺寸应使钢绞线只有夹片的牙痕而无刮伤，如钢绞线出现严重刮伤则限位板限位尺寸过小，如出现滑丝或无明显夹片牙痕则有可能是限位板限位尺寸大。

（12）千斤顶在下列情况下应重新标定：①已使用三个月；②严重漏油；③重要部件损伤；④延伸量出现系统性的偏大或偏小；⑤张拉次数超过施工规范规定的次数。

（13）千斤顶和油泵必须配套标定和配套使用。

（14）张拉前应检查千斤顶内摩阻是否符合有关规定要求，否则应停止使用。

（15）严禁钢绞线作电焊机导线用，且钢绞线的位置应远离电焊地区。

5.3　预应力碳纤维板加固

1. 基本原理

预应力碳纤维板加固是将碳纤维板固定到构件需加固的位置，通过对碳纤维板施加预应力使混凝土梁内产生一定的预压应力，进而使碳纤维这种高强的结构特性得以发挥，同时还缓解了应变滞后的现象，使结构产生更优的加固效果。产生的预压应力，可以抵消结构自重以及部分荷载的作用，还可以减小结构原有裂缝，提高结构刚度，减小结构挠度，使结构承载能力尽可能大的提高，并使使用阶段的性能得到改善。

2. 施工工艺

施工工艺如图5-1所示。

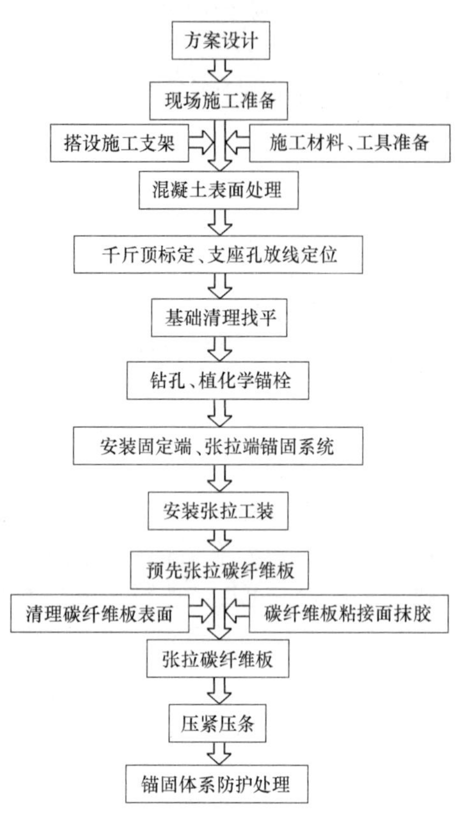

图5-1 施工工艺

3. 特点分析

预应力碳纤维板加固，是将预应力技术与碳纤维板技术结合起来，具有两种技术的优点，克服了单一技术的缺点。粘贴预应力碳纤维板是一种主动加固法，不但可以显著提高结构的承载能力，也可以缩小甚至闭合裂缝，改善结构的使用性能和耐久性。

(1) 分布式预应力的布置方案对于宽底板箱梁的受力均匀、更合理；相反，体外预应力索加固法采用集中布置，由于宽箱梁横向的剪力滞效应，预应力沿箱梁宽度方向上的分布并不均匀，效果差；

(2) 在分布式预应力布置条件下，单条预应力碳纤维板的预拉力不大（可以控制在300kN以下），没有复杂的锚固及转向构造；而集中锚固的体外预应力索，就需要复杂的锚固及转向构造；

(3) 粘贴预应力碳纤维板可以与原结构一起工作，能满足平截面假定，能有效提高结构的刚度；而体外预应力索与结构无法粘结在一起，不能共同变形，不能满足平截面假定，对结构刚度贡献极小；

(4) 粘贴的预应力碳纤维与原结构共同工作，没有自由段，不会有索体自由振动问题；而体外索存在自由段，在活荷载作用下将发生自由振动，将降低预应力筋的疲劳性能；

(5) 分散布置的预应力碳纤维板应材料轻质，单条预拉力小，锚固座轻且简单，无需大型的施工设备，施工难度小，施工速度快，质量控制易；此外，碳纤维板材料的耐久性远远优于钢材，后期养护费用很低。

5.4 支座更换技术

1. 施工工艺

1）施工准备

(1) 查看现场情况，解除影响施工的所有约束结构。

(2) 打磨桥梁墩台平面，清理干净桥梁墩台顶部操作部位。

(3) 根据施工荷载，确定顶升设备。

(4) 检查机具、新支座规格型号及数量，施工人员组成交通控制、动力、信号系统，以及施工辅料等是否齐备；具体落实模拟演习的场地。

（5）模拟演习，检查设备性能，修正施工参数，熟悉施工操作，检验施工方案，校正施工细节。

（6）在盖梁上部适当位置画出高程控制线，要求线宽很细（0.1mm），并记录刻划线的初始高度，以此作为顶升的起程线；在支座垫石上画出支座位置控制线，线条清晰，醒目。

2）施工步骤

（1）完成施工准备工作后，进行施工技术交底。

（2）现场安装施工设备，在墩台顶面靠垫石外侧（距台缘至少 5cm，还应结合为支座取出而预留的进出空间进行考虑）垫钢板至所需高度（以千斤顶和承压钢板厚度之和为预留空间极限），保证每块钢垫板无翘角、歪斜，将特制扁平油顶与手动油泵、压力表及储油桶连接好，并将千斤顶平整置于垫板之上（活塞朝上），然后在千斤顶上垫好承压钢板，垫至紧贴板梁地面。待同一副梁片下面每台千斤顶均安置好并检查无误后，等待信号指挥员发出指挥信号。

（3）摆好交通控制设施，桥上桥下通信畅通，定岗定员，全面检查。

（4）信号指挥发出“预备”信号各就各位，做好预备姿势。

（5）“开始”信号发出后，每台油泵同时缓慢均匀地供油，随信号指挥，以顶举高程和油压两项指标进行双控，每顶起 2m 为活塞行程步长，4mm 为一个控制步阶，垫一次钢板，每到一个步长，步阶均停留 1 ~ 2min，由技术人员全面检查比较每片梁工作油压及高程变化，以便下一步顶举时进行适当调节（高程误差不大于 2mm；油压误差不大于 0.5MPa，但边梁除外），顶升各片梁体，当达到每级指标后立即将结果报告指挥组，安全巡视员同时把责任区的安全信息报告给指挥组。

（6）在顶举过程中，注意及时垫好支撑垫块保证每块垫板无翘角、歪斜等不良现象，若一个活塞行程不够，应在确保垫块稳固，到位（顶紧片梁）以后，让活塞回油回程，取出千斤顶，在千斤顶底座位置，用钢板垫高至所需高度，重复④ ~⑥步骤相关顶举操作。

（7）每级操作都必须同步进行，高差、油压误差必须严格控制在误差范围内，上一级操作的误差可在下一级操作中进行调整，直到板梁整体脱离顶面，继续提升，使得支座顶面具有 5 ~ 10mm 的施工空间。

（8）及时垫好支撑垫块，确保每块垫板稳固，并支垫到，保持住千斤顶的油压。

（9）迅速取出原有的支座，把不需要更换的支座清理干净，并在四氟板凹槽内均匀涂抹一层环氧树脂，同时，新支座的四氟板凹槽内也要均匀涂抹一层环氧树脂清扫干净垫石表面。

（10）快速将涂好环氧树脂的支座准确放回拟定的位置，注意有四氟板的一面朝上，支座安放完毕并经检查合格后，开始落梁。

（11）落梁时，注意避免碰撞支座，以保证支座位置准确，落梁采用与提升相逆的工艺法，亦按顶举时同一步长，步阶缓慢降落同一幅的每一片梁，有利于主梁就位准确且支座密贴，若板梁与支座密贴不好，应查明原因，采取有效措施予以纠正或重来。

2. 质量控制要点

(1) 更换支座前要计算因支座变形损坏的梁达到设计标高时，整孔梁允许顶高的范围，经验数据是横向各梁高差不宜超过0.5mm，以确保落梁时纵向连接和横向连接不出现裂缝。

(2) 如果梁的长度较短，若允许顶高不能满足更换支座的工作高度时，应在相邻台之间安装千斤顶，按线性内插法控制顶高，并和更换支座的一端同步起梁，以防止桥面连续部位出现裂缝。

(3) 以上操作程序是在伸缩缝处更换支座的作业方法，如在非伸缩缝处的墩上更换支座，则需要相邻另一孔梁安放千斤顶，和更换支座的梁端同步起落，防止连续桥面被顶裂。

(4) 调整支座采用楔形垫板，垫板尺寸大于支座平面尺寸1~2cm，楔形垫板由最小厚度0.3~0.5mm、最大厚度2mm两块对楔，确保每个支座都均匀受力，支座调整垫板宜采用防锈钢板。

(5) 临时支撑采用不同厚度的钢板组合而成，一般可用1mm，2mm，5mm，10mm，20mm，30mm等厚度的钢板组合，每顶高1~2mm加一块临时支撑钢板，防止因千斤顶发生故障突然下沉，造成梁体振动而出现裂缝。

(6) 支座更换现场要有严密、统一的组织和指挥。起梁时各千斤顶的行程速度应基本一致，严防因操作不当造成梁体内应力增加超过允许范围，导致梁体或连续部位出现裂缝。

第 6 章　T 形梁桥加固效果评价

依据《公路工程竣（交）工验收办法与实施细则》（交公路发〔2010〕65 号）、《公路工程质量检验评定标准第 1 册　土建工程》JTG F80/1—2017、《河南省高速公路工程竣（交）工验收质量鉴定检测工作程序和标准》和《公路桥梁加固质量检验评定标准》DB41/T 1194—2016 等规范标准，对郑州黄河公路大桥加固后现场检测和对加固效果进行评价。

6.1　检 测 依 据

（1）《公路工程竣（交）工验收办法与实施细则》（交公路发〔2010〕65 号）；

（2）《公路工程质量检验评定标准第 1 册　土建工程》JTG F80/1—2017；

（4）《河南省高速公路工程竣（交）工验收质量鉴定检测工作程序和标准》；

（3）《公路桥梁加固施工技术规范》JTG/T J23—2008；

（5）《公路桥梁加固质量检验评定标准》DB41/T 1194—2016。

6.2　加固工程抽查项目、检测频率及质量检验

依据交通运输部《公路工程竣（交）工验收办法与实施细则》（交公路发（2010）65 号）、《河南省高速公路工程竣（交）工验收质量鉴定检测工作程序和标准》和《公路桥梁加固质量检验评定标准》DB41/T 1194—2016 的要求，交工验收质量检测指对单位工程和分部工程进行工程实体检测、外观检查和内业资料审查。

6.2.1　加固工程抽查项目

加固工程抽查项目除《公路工程竣（交）工验收办法与实施细则》（交公路发〔2010〕65 号）、《公路工程质量检验评定标准第 1 册　土建工程》JTG F80/1—2017 中涉及的实测项目以外的检查项目。

结合工程实际情况，本项目特殊抽查项目主要为加固改造部分，包含：混凝土缺陷修补、结构裂缝修补、粘贴钢板加固、粘贴纤维复合材料加固、植筋、增大截面加固、体外预应力加固、支座和伸缩装置更换等。

6.2.2　加固工程检测频率

加固特大桥、大桥逐座检查；加固中桥抽查不少于总数的 50% 且每种桥型抽查不少于 1 座。

桥梁下部工程抽查不少于加固墩台总数的 20% 且不少于 5 个，墩台少于 5 个时全部检测。每种结构形式抽查不少于 1 个。

桥梁上部工程抽查不少于加固总孔数的20%且不少于5孔，孔数少于5个时全部检测。每种结构形式抽查不少于1个。

6.2.3 加固工程质量检验

1. 混凝土缺陷修补加固工程质量检验

混凝土缺陷修补所用混凝土（砂浆）等材料的类别、规格及质量应符合现行相关标准、规范的规定，满足设计要求；混凝土缺陷修补实测项目见表6-1。

混凝土缺陷修补实测项目　　表6-1

项次	检查项目	规定值或允许偏差	检查方法和频率	权值
1	缺陷表口处理	表面无浮浆、油污等	目测或查检查记录;100%	1
2	表口饱满情况	表口饱满	目测；100%	1
3	平整度(mm)	≤5	尺量；每构件测3处	1

注：查检查记录仅适用于现场已不具备实测条件的情况，下同。

外观鉴定：修补的表面平整、色泽协调一致，不符合要求时减1分。修补的表面如有蜂窝、麻面，应修复，并减2分。修补的表面有裂纹，减2分。

2. 混凝土裂缝修补加固工程质量检验

裂缝修补用胶（注射剂）、裂缝修补用聚合物水泥注浆料等材料的类别、规格及质量应符合现行相关标准、规范的要求，满足设计要求。采用表面封闭法处理裂缝时，应对缝口表面处理，使处理面平顺、干燥、无油污，处理范围沿裂缝走向宽30~50mm。自动低压渗注法、压力灌注法的注浆嘴数量、间距、规格应满足设计要求。按规定的程序施工，压力灌注法修补裂缝应根据浆液流动性选择注浆压力，一般为0.1~0.4MPa，压力灌注法持压时间应符合设计要求，竖向、斜向裂缝压浆应自下而上进行。裂缝表面封闭法裂缝修补实测项目见表6-2，自动低压渗注法、压力灌注法裂缝修补实测项目见表6-3。

裂缝表面封闭法混凝土裂缝修补实测项目　　表6-2

项次	检查项目	规定值或允许偏差	检查方法和频率	权值
1	裂缝表面封闭宽度(mm)	满足设计要求且≥20	尺量；2点/条	1
2Δ	裂缝表面封闭厚度(mm)	满足设计要求且≥1	尺量；2点/条	2

自动低压渗注法、压力灌注法混凝土裂缝修补实测项目　　表6-3

项次	检查项目	规定值或允许偏差	检查方法和频率	权值
1	裂缝表面封闭	表面封闭不漏胶	目测；100%	1
2Δ	含胶饱满情况	缝宽≥0.05mm处有胶为合格	取芯法检验;取样数量应按裂缝注射或注浆的分区确定,但每分区应不少于2个芯样	3

外观鉴定：封缝表面颜色与原结构混凝土颜色基本一致，不符合要求时减1分。表面封缝材料固化后应均匀、平整，无脱落，不符合要求时减2分。表面封缝材料固化后不出现裂缝，不符合要求时减3分。灌浆裂缝不应遗留注胶器、注胶嘴、胶泥等施工残留物，不符合要求时减1分。

3. 粘贴钢板加固工程质量检验

粘贴钢板加固所用钢板、胶黏剂、锚栓、防腐剂等材料的类别、规格及质量应符合现行相关标准、规范的规定，满足设计要求。按规定的程序施工，加压及固化时间应符合设计要求。锚栓数量、规格，钢板的搭接长度不低于设计要求。压力注胶粘贴钢板应根据浆液流动性选择注浆压力，注浆持压时间应满足设计要求。钢板粘胶后不得有空鼓。按设计要求进行防腐处理。粘贴钢板实测项目见表 6-4。

粘贴钢板实测项目　　**表 6-4**

项次	检查项目	规定值或允许偏差	检查方法和频率	权值
1Δ	加固构件结合面处理	满足设计要求	目测或查检查记录；100%	2
2	钢板粘贴结合面处理	满足设计要求	目测或查检查记录；100%	1
3	锚栓植入深度	不小于设计要求	尺量或查检查记录；每构件检查 20%	1
4	粘贴位置(mm)	中心线偏差 ±10	尺量；每构件检查 20%	2
5Δ	钢板尺寸(mm)	满足设计要求	尺量；每构件检查 20%	2
6Δ	粘贴面积	≥95%	超声探测或敲击；100%	3
7Δ	粘贴效果检验	混凝土破坏	取样或查试验记录；每构件检查面积的 1% ～ 2%，不少于 1 件	3
8	防腐涂层厚度	满足设计要求	涂层厚度测试仪；每构件 5 处	2
9	粘贴钢板数量	满足设计要求	目测；100%	2

注1：对直接粘贴钢板，从粘贴好的钢板现场取样，取样尺寸 10cm×10cm，将样品从结合面处开凿，如果其破坏是在结合面（钢板与混凝土脱开），即判断为粘贴效果不合格；反之，破坏在混凝土内（钢板粘贴面全部是混凝土），即判断粘贴效果合格。

2：对压力注胶粘贴钢板，采用的是大块整体钢板，现场不宜采用破坏式来检验粘贴效果，应进行正式粘贴前的工艺试验，并检验粘贴效果，直到能够确保粘贴效果后，方可进行正式施工。

外观鉴定：钢板与混凝土表面之间应紧密结合，不应有空隙，钢板周围应有胶液挤出，不符合要求时减 3 分。钢板表面清理干净，防腐层涂刷均匀，不符合要求时减 2 分。

4. 粘贴纤维复合材料加固工程质量检验

粘贴纤维复合材料用纤维复合材料、粘结材料和表面防护材料等材料类别、规格及质量应符合现行相关标准、规范的规定，满足设计要求。纤维复合材料实际粘贴面积、搭接长度等符合设计要求。粘贴纤维复合材料实测项目见表 6-5。

粘贴纤维复合材料实测项目　　**表 6-5**

项次	检查项目	规定值或允许偏差	检查方法和频率	权值
1	粘贴位置(mm)	中心线偏差 ±10	尺量；每构件检查 20%	2
2	粘贴面尺寸(mm)	+20，−5	尺量；每构件检查 20%	2
3Δ	正拉粘贴强度(MPa)	组内每一试样的正拉强度均达到 $\max\{1.5, f_{tk}\}$ 的要求，破坏形式为基材混凝土内聚破坏或两种以上破坏形式中基材混凝土内聚破坏形式的破坏面积占粘合面积 85% 以上；一组中仅一个试样达不到上述要求，加倍试验重做检验结果全数达到要求	粘结强度检测仪；同规格构件为一检验批，每批抽检该批总数的 10%，但不应少于 3 个构件，以每个受检构件为一检验组，每组 3 个检验点	3
4Δ	粘结面积	≥95%	超声探测或敲击；100%	3
5	粘贴纤维复合材料数量	满足设计要求	目测；100%	2

注：f_{tk} 为原构件混凝土实测的抗拉强度标准值。

外观鉴定：纤维复合材料表面色泽协调一致，不符合要求时减 1 分。纤维复合材料表面平整，无气泡、胶瘤、坑洼，边缘线顺直，不符合要求时减3 分。

5. 植筋工程质量检验

加固所用的钢筋、胶粘剂等材料类别、规格及质量应符合现行相关标准、规范的规定，满足设计要求。钻孔不得切断原结构的钢筋，如需切断则必须采取有效的处治措施。植筋用胶粘剂应采用专用灌注器或注射器进行灌注，灌注量一般为孔深的2/3，并应保证在植入钢筋后有少许胶粘剂溢出。注入胶粘剂后应立即单向旋转插入钢筋，直至达到设计强度，并保证植入钢筋与孔壁间的间隙基本均匀，校正钢筋的位置和垂直度。植埋筋的数量、规格、长度不低于设计要求。胶粘剂完全固化后，不得触动或振动已植钢筋，以免影响其粘结性能。植筋孔内注胶应保证插入钢筋后饱满，植筋孔注胶完全固化后方可进行下道工序。植筋工程实测项目见表 6-6。

植筋工程实测项目 **表 6-6**

项次	检查项目		规定值或允许偏差	检查方法和频率	权值
1Δ	抗拔力(kN)		满足设计要求	在构件上拉拔或查检查记录；每 100 根测 1～2 根	3
2	钻孔直径(mm)		+2，-1	尺量或查检查记录；每构件检查 30%	2
3Δ	钻孔深度(mm)	上、下部结构	+10，0	尺量或查检查记录；每构件检查 30%	3
		承台与基础	+20，0	尺量或查检查记录；每构件检查 30%	
		连接节点	+5，0	尺量或查检查记录；每构件检查 30%	
4	钻孔垂直度(°)	上、下部结构	3	尺量或查检查记录；每构件检查 20%	2
		承台与基础	5	尺量或查检查记录；每构件检查 20%	
		连接节点	2	尺量或查检查记录；每构件检查 20%	
5	位置允许偏差(mm)	上、下部结构	5	尺量或查检查记录；每构件检查 30%	2
		承台与基础	10	尺量或查检查记录；每构件检查 30%	
		连接节点	5	尺量或查检查记录；每构件检查 30%	
6	植筋数量		满足设计要求	目测或查检查记录；100%	2

外观鉴定：钢筋表面有锈蚀或胶液污染，应进行处理，并减 2 分。注胶孔周围应有胶液挤出，不符合要求时减 3 分。

6. 增大截面加固工程质量检验

增大截面加固所用混凝土、钢筋等材料的类别、规格和质量应符合现行相关标准、规范的规定，满足设计要求。按设计要求的程序施工，结合面的处理、混凝土的浇筑和养生应符合设计要求。新增混凝土增大截面加固实测项目见表 6-7。

新增混凝土增大截面加固实测项目　　　　**表 6-7**

项次	检查项目	规定值或允许偏差	检查方法和频率	权值
1	新增混凝土结构厚度（mm）	+10，0	尺量或取芯；每构件 3～5 处	1
2Δ	结合面处理	满足设计要求	目测或查检查记录；100%	2

外观鉴定：表面平整，棱角平直，无明显施工接缝，不符合要求时减 1 分。表面不应出现蜂窝、麻面，如出现应修补，并减 2 分。表面出现非受力裂缝，减 3 分；裂缝宽度超过设计规定或设计未规定时超过 0.15mm 应处理。

7. 体外预应力加固工程质量检验

体外预应力加固所用预应力钢束、混凝土、锚栓、防腐涂层等材料的类别、规格和质量应符合现行相关标准、规范的规定，满足设计要求。按设计要求的程序施工，转向块、锚固块等新旧结合面的处理、植筋等应符合相关规范和设计要求。体外预应力系统的防腐施工要根据设计要求，严格控制施工质量，防止预应力钢材和锚具等发生锈蚀。体外预应力加固实测项目见表 6-8。

体外预应力加固实测项目　　　　**表 6-8**

项次	检查项目		规定值或允许偏差	检查方法和频率	权值
1	锚固及转向构件位置	纵向（mm）	±50	尺量；每构件检查 20%	1
		横向（mm）	±30	尺量；每构件检查 20%	
2	混凝土表面处理		满足设计要求	目测；100%	1
3Δ	锚栓	抗拔力（kN）	满足设计要求	在每 2 构件上 0 根测拉拔；1 个	3
4		长度（mm）	±5	现场量测或查检查记录；每构件检查 20%	1
5		间距（mm）	±10	现场量测或查检查记录；每构件量 3～5 处	1
6		植埋深度（mm）	+5，0	现场量测或查检查记录；每构件检查 20%	1
7	锚固及转向装置防腐涂层		满足设计要求	涂层厚度测试仪；每构件 5 处	2
8	钢丝束坐标（mm）	梁长方向	±30	尺量；各转折点	1
		梁高方向	±10		
9Δ	张拉力值		满足设计要求	目测或查检查记录；100%	4
10Δ	张拉伸长率		满足设计要求；设计未规定时，±6%	现场量测或查检查记录；100%	3
11Δ	断丝滑丝数		每束 1 根，且每断面不超过钢丝总数的 1%	目测；每束	3
12	预应力钢束数量		满足设计要求	目测；100%	2

外观鉴定：体外预应力钢丝束的防腐表面不得有损伤，如出现应修整，并减 2 分。钢锚固块及转向装置不得偏向、掉角、开裂，不符合要求时减 5 分。钢筋混凝

土锚固块及转向装置表面出现非受力性裂缝，减 3 分；裂缝宽度超过设计规定或设计未规定时超过 0.15mm 应处理。

8. 更换板式支座工程质量检验

支座的类别、规格和质量应符合现行相关标准、规范的规定，满足设计要求。支撑面满足设计要求方可安装支座。支座应稳定、与支撑面密贴，不得发生偏斜、不均匀受力和脱空现象。更换板式支座实测项目见表 6-9。

更换板式支座实测项目　　表 6-9

<table>
<tr><th>项次</th><th colspan="2">检查项目</th><th>规定值或允许偏差</th><th>检查方法和频率</th><th>权值</th></tr>
<tr><td>1Δ</td><td colspan="2">支座中心与主梁中心线偏位(mm)</td><td>2</td><td>尺量；每支座</td><td>3</td></tr>
<tr><td>2</td><td colspan="2">支座顺桥向偏位(mm)</td><td>10</td><td>尺量；每支座</td><td>2</td></tr>
<tr><td>3Δ</td><td colspan="2">支座高程(mm)</td><td>按设计规定;设计未规定时，±5</td><td>水准仪或查检查记录;每支座</td><td>3</td></tr>
<tr><td rowspan="2">4</td><td rowspan="2">支座四角高差(mm)</td><td>承压力≤500kN</td><td>1</td><td rowspan="2">水准仪或查检查记录;每支座</td><td rowspan="2">2</td></tr>
<tr><td>承压力>500kN</td><td>2</td></tr>
<tr><td rowspan="2">5</td><td colspan="2">垫石顶面高程(mm)</td><td>±2</td><td rowspan="2">水准仪或查检查记录;检查中心及四角</td><td rowspan="2">2</td></tr>
<tr><td colspan="2">垫石四角高差(mm)</td><td>1</td></tr>
</table>

外观鉴定：支座表面应保持清洁，支座附近的杂物及灰尘应清除，不符合要求时应进行处理，并减 2 分。墩台顶面和梁底支承面不应有局部承压损坏现象，梁体不应有新增裂纹或其他损坏现象，若出现应修复，并减 5 分。

9. 更换伸缩缝工程质量检验

伸缩缝材料类别、规格和质量应满足现行相关标准、规范的规定，满足设计要求。伸缩缝应锚固牢靠，伸缩性能应有效。伸缩缝锚固混凝土应符合设计要求。伸缩缝处不得积水。伸缩缝更换后应与原路面、桥面衔接平顺。更换伸缩缝实测项目见表 6-10。

更换伸缩缝实测项目　　表 6-10

项次	检查项目	规定值或允许偏差	检查方法和频率	权值
1	长度(mm)	满足设计要求	尺量；每道	2
2Δ	缝宽(mm)	满足设计要求	尺量；每道 2 处	3
3Δ	与桥面高差(mm)	2	尺量；每侧 3 ~ 7 处	3
4	纵坡(%)	±0.5	水准仪;测量纵向锚固混凝土端部 3 处	2
5	横向平整度(mm)	3	3m 直尺；每道	1

外观鉴定：伸缩缝无阻塞、渗漏、变形、开裂现象，不符合要求时应进行整修，并减 3 分。锚固区混凝土表面不得出现蜂窝、麻面，如出现应修整并减 2 分。锚固区混凝土表面出现裂缝，减 2 分。

10. 钢筋工程质量检验

加固所用的钢筋、机械连接器、焊条等材料类别、规格及质量应符合现行相关标准、规范的规定，满足设计要求。冷拉钢筋的机械性能应符合规范要求，钢筋平直，表面不应有裂皮和油污。受力钢筋同一截面的接头数量、搭接长度、焊接和机械接头质量应符合施工技术规范要求。钢筋安装时，必须保证设计要求的钢筋根数。钢筋应平直，表面不应有裂纹及其他损伤。钢筋工程实测项目见表 6-11。

钢筋工程实测项目　　表 6-11

<table>
<tr><th>项次</th><th colspan="3">检查项目</th><th>规定值或允许偏差</th><th>检查方法和频率</th><th>权值</th></tr>
<tr><td rowspan="4">1Δ</td><td rowspan="4">受力钢筋间距(mm)</td><td colspan="2">两排以上排距</td><td>±5</td><td rowspan="4">尺量或查检查记录；
每构件检查 2 个断面</td><td rowspan="4">3</td></tr>
<tr><td rowspan="2">同排</td><td>梁、板</td><td>±10</td></tr>
<tr><td>基础、墩台、柱</td><td>±20</td></tr>
<tr><td colspan="2">灌注桩</td><td>±20</td></tr>
<tr><td>2</td><td colspan="3">箍筋、横向水平钢筋、螺旋筋间距(mm)</td><td>±10</td><td>尺量或查检查记录；
每构件检查 5 ~ 10 个间距</td><td>2</td></tr>
<tr><td rowspan="2">3</td><td colspan="2" rowspan="2">钢筋骨架尺寸(mm)</td><td>长</td><td>±10</td><td rowspan="2">尺量或查检查记录；每构件按骨架总数 30% 抽查</td><td rowspan="2">1</td></tr>
<tr><td>宽、高或直径</td><td>±5</td></tr>
<tr><td>4</td><td colspan="3">弯起钢筋位置(mm)</td><td>±20</td><td>尺量或查检查记录；
每骨架抽查 30%</td><td>2</td></tr>
<tr><td rowspan="3">5Δ</td><td colspan="2" rowspan="3">保护层厚度(mm)</td><td>柱、梁</td><td>±5</td><td rowspan="3">尺量或钢筋保护层检测仪或查检查记录；
每构件检查 8 处</td><td rowspan="3">3</td></tr>
<tr><td>基础、墩台</td><td>±10</td></tr>
<tr><td>板</td><td>±3</td></tr>
</table>

外观鉴定：钢筋表面有锈蚀或胶液污染，应进行处理，并减 2 分。

11. 混凝土工程质量检验

加固所用的材料类别、规格及质量应符合现行相关标准、规范的规定，满足设计要求。混凝土养护、拆模时间应符合现行相关标准、规范的规定。混凝土工程实测项目见表 6-12。

混凝土工程实测项目　　表 6-12

项次	检查项目	规定值或允许偏差	检查方法和频率	权值
1Δ	混凝土强度(MPa)	在合格标准内	按 JTG F80/1—2017 附录 D 检查或查检查记录	3
2	结构断面尺寸(mm)	±10	尺量；每构件检查 1 个断面	2
3	结构偏位(mm)	5	全站仪、经纬仪或尺量；100%	2

外观鉴定：混凝土表面不得出现蜂窝、麻面，如出现应修整并减 2 分。混凝土表面出现非受力裂缝，减 3 分；裂缝宽度超过设计规定或设计未规定时超过 0.15mm 应处理。

6.3　加固工程外观检查

(1) 混凝土桥梁表层缺陷处理：桥梁混凝土缺陷修补完成后表面应平整、无裂缝、脱层、起鼓、脱落等，修补处表面与原结构表面色泽应基本一致。

（2）结构裂缝的处理：表面封缝材料固化后应均匀、平整，不出现裂缝、无脱落。

（3）粘贴钢板：钢板边缘的溢胶色泽应均匀，胶体应固化，防腐层涂刷均匀。

（4）粘贴纤维复合材料：碳纤维复合材料应表面平整，边缘顺直，粘贴不得有气泡，无局部坑洼，胶层饱满，无胶瘤，颜色一致。

（5）体外预应力加固：体外预应力钢丝束的防腐表面不得有损伤，钢筋混凝土锚固块及转向装置不得有受力性裂缝，钢锚固块及转向装置不得偏向、掉角、开裂，钢筋混凝土锚固块及转向装置表面出现非受力性裂缝，裂缝宽度超过设计规定或设计未规定超过0.15mm应处理。端部锚固可靠，封锚满足耐久性要求。

（6）支座更换：支座不得发生偏斜、不均匀受力和脱空现象。顶底板螺栓安装必须到位，不得影响支座功能。滑动面上的四氟滑板和不锈钢板不得有划痕、碰伤等，位置正确，安装前必须涂上硅脂油，安装防尘罩。支座表面应保持清洁，支座附件的杂物及灰尘应清除。

（7）伸缩装置更换：伸缩缝必须锚固牢靠，伸缩性能必须有效，功能正常；端部不得漏水；伸缩缝无阻塞、渗漏、变形、橡胶开裂等现象。

6.4 内业资料审查

1）内业资料主要审查以下质量保证资料：

（1）所用原材料、半成品和成品质量检验结果。

（2）材料配比、拌合加工控制检验和试验数据。

（3）地基处理、隐蔽工程施工记录和大桥、隧道施工监控资料。

（4）各项质量控制指标的试验记录和质量检验汇总图表。

（5）施工过程中遇到的非正常情况记录及其对工程质量影响分析。

（6）施工过程中如发生质量事故，经处理补救后，达到设计要求的认可证明文件。

（7）中间交工验收资料。

（8）施工过程各方指出较大质量问题、交工验收遗留问题及试运营期出现的质量问题处理情况资料。

2）内业资料要求及扣分标准如下：

（1）质量保证资料及最基本的数据、资料齐全后方可组织鉴定。

（2）资料应真实、可靠，应有施工过程的原始记录，原始资料（原件），不应有涂改现象，有欠缺时扣2~4分。

（3）资料应齐全、完整，有欠缺时扣1~3分。

（4）资料应系统、客观，反映出检查项目、频率、质量指标满足有关标准、规范要求，有欠缺时扣1~3分。

（5）资料记录应字迹清晰、内容详细、计算准确，整理应分类编排、装订整齐，有欠缺时扣1~2分。

（6）基本数据（原材料、标准试验、工艺试验等）、检验评定数据有严重不真实或伪造现象的，在合同段扣 5 分。

6.5　加固工程质量评定

根据公路桥梁加固、施工管理和质量检验评定的需要，应在施工准备阶段将加固工程项目划分为单位工程和分项工程。单位工程：桥梁加固工程项目中，根据签订的合同，具有独立施工条件的工程；分项工程：按不同的加固方法、材料、工序等划分为若干个分项工程，见表 6-13。

公路桥梁加固单位工程和分项工程划分表　　表 6-13

单位工程	分项工程
公路桥梁加固工程	混凝土缺陷修补加固工程、混凝土裂缝修补加固工程、粘贴钢板加固工程*、粘贴纤维复合材料加固工程*、植筋工程*、增大截面加固工程*、体外预应力加固工程*、更换板式支座工程、更换伸缩缝工程、钢筋工程、混凝土工程

注：带 * 号者为主要工程，评分时给予 2 的权值；不带 * 号者为一般工程，评分时给予 1 的权值

加固工程质量检验评分以分项工程为单位，采用 100 分制进行。在分项工程评分的基础上，逐级计算各相应单位工程、合同段和加固工程项目评分值。加固工程质量等级分为合格与不合格，应按分项工程、单位工程、合同段和加固工程项目逐级评定。对于承载力改善性修复的加固工程，宜采用荷载试验判定加固后承载力是否满足设计要求。

6.5.1　工程质量评分

1. 分项工程质量评分

对规定检查项目采用现场抽样方法，按照规定频率和下列计分方法对分项工程的施工质量直接进行检测计分。

检查项目除按数理统计方法评定的项目以外，均应按单点（组）测定值是否符合标准要求进行评定，并按合格率计分，见下列公式。

$$\text{检查项目合格率}=\frac{\text{检查合格的点(组)数}}{\text{该检查项目的全部检查点(组)数}}\times 100\%$$

$$\text{检查项目得分}=\text{检查项目合格率}\times 100$$

分项工程的评分值满分为 100 分，按实测项目采用加权平均法计算；存在外观缺陷或资料不全时，须予减分，见下列公式。

$$\text{分项工程实测得分}=\frac{\sum(\text{检查项目得分}\times\text{权值})}{\sum\text{检查项目权值}}$$

分项工程评分值 = 分项工程实测得分 − 外观缺陷减分 − 资料不全减分

涉及结构安全和使用功能的重要实测项目为关键项目（以“Δ”标识），其合格率不得低于 90%（属于工厂加工制造的桥梁金属构件不低于 95%），且检测值不得超过规定极值，否则应进行返工处理。检测项目的规定极值是指所有单个检测值都不能突破的极限值，不符合要求时该实测项目为不合格。关键项目不符合要求时，则该分项工程评为不合格。

2. 单位工程质量评分

分项工程区分为一般工程和主要工程，分别给予1和2的权值。进行单位工程评分时，采用加权平均值计算法确定相应的评分值，见下列公式。

$$\text{单位工程评分值}=\frac{\Sigma(\text{分项工程评分值}\times\text{相应权值})}{\Sigma\text{分项工程权值}}$$

3. 合同段和加固工程项目工程质量评分

合同段工程质量评分采用所含单位工程质量评分的加权平均值，按《公路工程竣（交）工验收办法实施细则》计算，加固工程项目工程质量评分采用合同段工程质量评分的加权平均值，见下列公式。

$$\text{合同段工程质量评分值}=\frac{\Sigma(\text{单位工程质量评分值}\times\text{该单位工程投资额})}{\Sigma\text{单位工程投资额}}$$

$$\text{加固工程项目工程质量评分值}=\frac{\Sigma(\text{合同段工程质量评分值}\times\text{该合同段投资额})}{\Sigma\text{合同段投资额}}$$

6.5.2 工程质量等级评定

1. 质量等级

分为合格和不合格二个等级。

2. 分项工程质量等级评定

公路桥梁加固分项工程质量评定采用100分制，分项工程质量评分值大于等于80分为合格，小于80分为不合格；属于工厂加工制造的桥梁金属构件大于等于90分者为合格，小于90分者为不合格。评定为不合格的分项工程，经整修、返工或调测，满足加固设计要求后，可以重新评定其质量等级，但计算单位工程评分值时按其复评分值的90%计算。

3. 单位工程质量等级评定

公路桥梁加固单位工程所属各分项工程全部合格，则单位工程评为合格；所属任一分项工程不合格，则该单位工程为不合格。

4. 合同段和加固工程项目质量等级评定

公路桥梁加固合同段和加固工程项目所含各单位工程全部合格，则其加固工程质量评为合格；所属任一单位工程不合格，则合同段和加固工程项目为不合格。

通过对郑州黄河公路大桥加固后现场检测和分析，加固效果达到规范验收技术要求。经过近几年的行车观测，没有出现新的病害。

参考文献

[1] 陕西省公路局. JTG H11—2004. 公路桥涵养护规范［S］. 北京：人民交通出版社，2004.

[2] 浙江省公路管理局. JTG H10—2009. 公路养护技术规范［S］. 北京：人民交通出版社，2009.

[3] 交通运输部公路科学研究院. JTG/T H21—2011. 公路桥梁技术状况评定标准［S］. 北京：人民交通出版社，2011.

[4] 交通部公路科学研究院，上海市公路管理处. JTG H20—2007. 公路技术状况评定标准［S］. 北京：人民交通出版社，2007.

[5] 交通部公路科学研究所. JTJ 071—98. 公路工程质量检验评定标准［S］. 北京：人民交通出版社，1998.

[6] 交通部公路规划设计院. JTJ 021—89. 公路桥涵设计通用规范［S］. 北京：人民交通出版社，1989.

[7] 交通部公路规划设计院. JTJ 023—85. 公路钢筋混凝土及预应力混凝土桥涵设计规范［S］. 北京：人民交通出版社，1985.

[8] 中交公路规划设计院. JTG D62—2004. 公路钢筋混凝土及预应力混凝土桥涵设计规范［S］. 北京：人民交通出版社，2004.

[9] 交通部公路规划设计院. JTJ 024—85. 公路桥涵地基与基础设计规范［S］. 北京：人民交通出版社，1985.

[10] 路桥集团第一公路工程局. JTJ 041—2000. 公路桥涵施工技术规范［S］. 北京：人民交通出版社，2000.

[11] 交通部公路管理司，中国公路学会. JTJ 001—97. 公路工程技术标准［S］. 北京：人民交通出版社，1997.

[12] 中交第一公路勘察设计研究院有限公司. JTG/T J22—2008. 公路桥梁加固设计规范［S］. 北京：人民交通出版社，2008.

[13] 中交第一公路勘察设计研究院有限公司. JTG/T J23—2008. 公路桥梁加固施工技术规范［S］. 北京：人民交通出版社，2008.

[14] 交通运输部公路科学研究院. JTG/T J21—2011. 公路桥梁承载能力检测评定规程［S］. 北京：人民交通出版社，2011.

[15] 项贻强，唐国斌. 混凝土箱梁桥开裂机理及控制［M］. 北京：中国水利水电出版社，2010.

[16] 梁全富，邵景干. 体外横向预应力加固简支空心板梁桥技术［M］. 北京：中国建筑工业出版社，2007.

[17] 张劲泉，魏洪昌，徐岳，等. 公路旧桥加固成套技术及工程实例［M］. 北京：人民交通出版社，2007.

[18] 张劲泉，李万恒，任红伟，等. 公路旧桥承载力评定办法及工程实例［M］. 北京：人民交通出版社，2007.

[19] 郭晓媛. 加固后桥梁技术状况的评估方法研究［D］. 广西：广西大学，2013.

[20] 河南省交通运输厅公路管理局. 预应力混凝土梁桥结构检测、加固关键技术研究［R］. 郑州：河南省交通运输厅公路管理局，2009.

[21] 张劲泉，李万恒. 我国公路旧桥存在的问题及技术评价状况［J］. 交通建设与管理，2006（12）：59-63.

［22］ 张劲泉. 我国公路桥梁检测评价与加固技术的现状与发展［DB/OL］. http：//www.doc88. com/p-793377378114. html，2012-02-15.

［23］ 交通部第二公路勘察设计院. 公路旧桥承载能力鉴定方法（试行）［S］. 北京：人民交通出版社，1988.

［24］ 交公路发〔2010〕65 号. 公路工程竣（交）工验收办法与实施细则. 2010.

［25］ 交通部公路科学研究所. JTG F80/1—2004. 公路工程质量检验评定标准［S］. 北京：人民交通出版社，2004.

［26］ 豫交文〔2014〕221 号. 河南省高速公路工程竣（交）工验收质量鉴定检测工作程序和标准. 2014.

［27］ 河南省交通规划设计研究院股份有限公司. DB 41/T 1194—2016. 公路桥梁加固质量检验评定标准［S］. 北京：人民交通出版社，2016.